上海高校毕业生就业创业工作基地(东华大学)成果(HJWX20180107)

Innovation and
Entrepreneurship Course for
COLLEGE STUDENTS

大学生
创新创业教程

刘淑慧　严　军 / 主编

图书在版编目（CIP）数据

大学生创新创业教程/刘淑慧，严军主编. —北京：北京大学出版社，2020.10
ISBN 978 - 7 - 301 - 31646 - 7

Ⅰ. ①大… Ⅱ. ①刘… ②严… Ⅲ. ①大学生—创业—高等学校—教材 Ⅳ. ①G647.38

中国版本图书馆 CIP 数据核字（2020）第 178530 号

书　　　名	大学生创新创业教程 DAXUESHENG CHUANGXIN CHUANGYE JIAOCHENG
著作责任者	刘淑慧　严　军　主编
责 任 编 辑	杨丽明
标 准 书 号	ISBN 978 - 7 - 301 - 31646 - 7
出 版 发 行	北京大学出版社
地　　　址	北京市海淀区成府路 205 号　100871
网　　　址	http://www.pup.cn　　　新浪微博：@北京大学出版社
电 子 信 箱	sdyy_2005@126.com
电　　　话	邮购部 010 - 62752015　发行部 010 - 62750672　编辑部 021 - 62071998
印 刷 者	河北滦县鑫华书刊印刷厂
经 销 者	新华书店
	730 毫米 × 980 毫米　16 开本　14.25 印张　217 千字 2020 年 10 月第 1 版　2020 年 10 月第 1 次印刷
定　　　价	49.00 元

未经许可，不得以任何方式复制或抄袭本书之部分或全部内容。
版权所有，侵权必究
举报电话：010 - 62752024　电子信箱：fd@ pup.pku.edu.cn
图书如有印装质量问题，请与出版部联系，电话：010 - 62756370

目录 contents

001 | 第一章
日新盛德——创新意识

　　一、创新概述…………004
　　二、发掘创新意识…………009
　　三、培育创新意识…………018

025 | 第二章
道术合一——创新方法

　　一、创新方法概述…………027
　　二、创新思维及训练…………029
　　三、创新方法分类…………038

051 | 第三章
心系天下——企业家精神

　　一、企业家与企业家精神的内涵…………054
　　二、历史、环境、文化与企业家精神…………065
　　三、企业家精神的培育…………071

078 | 第四章
无欲有欲——市场探索

一、市场的定义…………081

二、市场调查…………085

三、市场需求…………088

四、如何寻找市场…………089

五、如何进行市场定位…………090

098 | 第五章
大象无形——核心竞争力

一、创业者…………101

二、创业团队…………106

三、创业资源…………111

四、创业项目…………115

127 | 第六章
欲取必予——市场营销

一、市场营销特点…………130

二、市场营销理念…………130

三、初创企业的市场营销特点…………131

四、STP 营销…………133

五、营销策略…………140

六、营销伦理…………147

154 | 第七章
两仪三易——财务会计

一、会计凭证…………155

二、会计账簿…………157

三、财务报表…………159

四、创业企业融资…………165

172 | 第八章
大国小鲜——商业计划

一、为什么要撰写商业计划书…………174

二、如何撰写商业计划书…………176

三、如何进行商业计划书 PPT 演示…………198

200 | 第九章
有无相生——创业风险

一、大学生创业风险…………202

二、居安思危——创业风险的规避…………210

223 | 后记

第一章 Chapter 1　日新盛德——创新意识

《周易·系辞传》言："天地之大德曰生"；荀子云："天地合而万物生，阴阳接而变化起"。"生"，"生化"，即形成、发展及变化，也就是创新创造。宇宙是一个和谐的、生生不息的生命整体，不断变化的一切事物为创新提供了可能，创新从不停滞。

学习目标

了解创新意识的定义、要素及本质，深层次发掘创新意识的来源，并对自身的创新意识进行评估，了解创新意识的类型，明确创新对于大学生个体发展的重要性，有意识地提升个人创新意识及创新能力。同时，通过案例分析，对各知识点有进一步的认识和理解。

知识导图

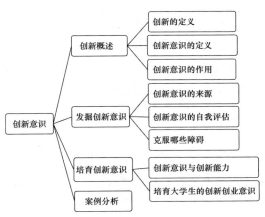

课程导入 ▶ **自我创新意识评估测试**

1. 在周末的晚上,没有学习和工作任务,你会
   Ⓐ 约几个朋友,来寝室(家里)玩
   Ⓑ 独自到外面逛或到实体门店购物
   Ⓒ 独自在家上网、阅读或听音乐、看电影
2. 上次你改变发型是在什么时候?
   Ⓐ 至少一到两个月要换次发型
   Ⓑ 六个月前
   Ⓒ 一年前
3. 在点餐时,你会
   Ⓐ 最爱的菜是必点的,也尝试其他菜
   Ⓑ 看点评或朋友推荐,如果有一人说好吃的话,就会去尝试新菜
   Ⓒ 常要刷网红菜或点新菜
4. 你和家人去旅游,但是赶上旅游地雨季,回来后朋友问你旅行的情况,你会
   Ⓐ 讲述糟糕的天气和不如意的行程,也会提到满意的景色
   Ⓑ 中肯地说,这次虽不是完美的旅行,但还说得过去
   Ⓒ 抱怨糟糕的天气,抱怨和家人旅行的不快
5. 你的学校发布很多志愿者工作岗位,你会
   Ⓐ 马上去申请
   Ⓑ 知道这个很难得,但是因为个人比较忙,就不去了
   Ⓒ 不去申请,觉得可能事情会比较多,比较麻烦
6. 你和男朋友或女朋友吃完午餐,对方问你接下来一起去做什么,你会
   Ⓐ 提议到新开的咖啡厅(KTV、桌游店)
   Ⓑ 说"如果你喜欢,我们看电影吧"
   Ⓒ 说"随便"
7. 聚会时,朋友给你介绍一位聪明的异性朋友,你会
   Ⓐ 将你上周听到的段子或看到的搞笑视频讲给他或她听
   Ⓑ 谨慎地和他或她交谈,话题一直限于天气、电影等

课程导入

      Ⓒ 将你自己人生中的重要故事告诉他或她

8. 学校突然特批给你一个机会，作为交换学生到国外学习一个学期，但是要尽快出发，你会

      Ⓐ 立即准备行装

      Ⓑ 要求一周的时间考虑

      Ⓒ 拒绝掉，因为这学期的计划你已经安排好

9. 你的朋友将他写的关于自由的博客给你看，你不同意他的观点，你会

      Ⓐ 将你的感觉直接告诉他

      Ⓑ 改变话题，闲谈其他内容

      Ⓒ 假装认同，因为担心说真话会伤害他的感情

10. 你到鞋店打算买双低调且实用的鞋，结果你会

      Ⓐ 买了一双很配一条牛仔裤的红色的牛仔靴，但不简朴，也不实用

      Ⓑ 买了一双网红鞋，只能明年穿

      Ⓒ 买一双低调且实用的鞋，很快就能穿

评估标准：（A 选项为 1 分、B 选项为 2 分、C 选项为 3 分）

结果分析：

    24—30 分：这类人在群体中较容易被他人忽视，行事较为保守，会表现出消极对待或者抱怨等负能量行为，容易被周围的人排斥。建议这类同学主动多参加各类活动，当发现所做的工作、碰到的事情或他人的行为和自己的预期出现差异时，先不要抱怨发牢骚，做一些正能量和创造性的行为改变现有状态，吸引他人的关注，提高自己的幸福感。

    17—23 分：这类同学自我感觉自己的生活是快乐的，在群体中有自己的圈子和朋友，也会尝试新鲜事物令自己的生活多姿多彩，但同时也会有保守中庸的一面，万事以和为贵。这类同学也是很容易满足的群体，一旦失去奋斗和拼搏的动力就容易变得越来越平庸，应该及早明确自己的奋斗目标，做好合理清晰的规划，敢于挑战、敢于尝试。

    10—17 分：这类同学自我感觉幸福度非常高，精力充沛，圈子人脉很广，忙碌且快乐着，空余时间经常挑战新鲜事物，做一些新奇有趣的事情，对待他人很热情，是同学中的小太阳。这类同学虽然表面看起来生龙活虎，但还是要有科学合理的个人规划，要学会听取他人正确的意见和建议，不能盲目自信。

一、创新概述

创新是人类智慧的物化,是思维的凝结。智慧来自人的大脑,创新来自大脑的创造性思维。人类社会从来没有像今天这样高度重视创新问题,也从来没有像今天这样迫切地渴求创新思维,因为人类社会将要步入知识经济时代,在知识经济时代,知识成为推动经济发展的最主要动力,成为最重要的战略资源。知识的获得和利用需要智慧;知识作用的发挥,更需要创新。创新能力成为知识经济时代合格人才必备的素质。

要创新,就必须培养和不断强化创新意识。创新意识是创新活动的起点,创新意识是求新求异意识、求真求实意识,又是求变意识和问题意识。

创新和创新意识已经成为青年学生关心的热门话题,青年学生与教师对此展开了热烈的讨论。

1. 创新的定义

学术界一直认为,现代释义的"创新"一词,最早是由美籍奥地利经济学家约瑟夫·熊彼特(J. A. Schumpeter)于 1912 年在其《经济发展理论》一书中提出的。其实在我国,"创新"一词最早见于三国时期的《魏书》:"革弊创新者,先皇之志也。"

可见,创新不是一个新兴词汇,更不是一种新兴的行为,更多的是历史长河中人类不断进步和发展的一种动力。那么,我们来看看到底什么是创新。

创新在《辞海》里的释义是"抛开旧的,创造新的"。百度汉语中,"创新是指以现有的思维模式提出有别于常规或常人思路的见解为导向,利用现有的知识和物质,在特定的环境中,本着理想化需要或为满足社会需求,而改进或创造新的事物、方法、元素、路径、环境,并能获得一定有益效果的行为。创新是以新思维、新发明和新描述为特征的一种概念化过程"[①]。

---

① 百度汉语官方网站。

现在，在不同的应用领域，创新被赋予更多的内涵。比如，现在很多对于创新的研究都结合社会学、哲学、管理学和经济学等方面的背景，将创新研究得更为透彻。例如，经济学上，创新概念的起源为上面介绍过的《经济发展理论》一书中提到的"创新理论"。熊彼特在该书中提出：创新是指把一种新的生产要素和生产条件的"新结合"引入生产体系。它包括五种情况：引入一种新产品或产品的一种新特性，引入一种新的生产方法，开辟一个新市场，获得原材料或半成品的新的供应来源，实行新的组织形式。熊彼特的创新概念包含的范围很广，涉及技术性变化的创新及非技术性变化的组织创新。到20世纪60年代，新技术革命迅猛发展，美国经济学家华尔特·罗斯托（Walt Rostow）提出了"起飞"六阶段理论，将"创新"的概念发展为"技术创新"，把"技术创新"提高到"创新"的主导地位。20世纪七八十年代开始，创新在理论研究方面，开始形成系统的理论。

我国主要是从20世纪80年代开始着手开展技术创新方面的研究，进入21世纪，特别是随着知识经济的蓬勃发展，科学界进一步反思对创新的认识：技术创新是科技、经济一体化的过程，是技术进步与应用创新"双螺旋结构"（创新双螺旋）共同作用催生的产物，而且知识社会条件下以需求为导向、以人为本的创新2.0模式进一步得到关注。《复杂性科学视野下的科技创新》[①]一文在对科技创新复杂性进行分析的基础上，指出技术创新是各创新主体、创新要素交互作用下的一种复杂涌现现象，是技术进步与应用创新的"双螺旋结构"共同演进的产物；信息通信技术的融合与发展推动了社会形态的变革，催生了知识社会，使得传统的实验室边界逐步"融化"，进一步推动了科技创新模式的嬗变。要完善科技创新体系，急需构建以用户为中心、需求为驱动、社会实践为舞台的共同创新、开放创新的应用创新平台，通过创新双螺旋结构的呼应与互动形成有利于创新涌现的创新生态，打造以人为本的创新2.0模式。《创新2.0：知识社会环境下的创新民主化》[②]一文对创新2.0模式进行了

---

① 宋刚等：《复杂性科学视野下的科技创新》，载《科学对社会的影响》2008年第2期。
② 宋刚等：《创新2.0：知识社会环境下的创新民主化》，载http：//www.mgov.cn，2019年12月20日访问。

分析，将其总结为以用户创新、大众创新、开放创新、共同创新为特点的，强化用户参与、以人为本的创新民主化。

可见，创新的含义也在随着人类社会的进步和发展不断更新着，作为拥有最大创新潜力的大学生，先要了解创新的内涵，才能不断深入了解，悟透弄懂，理解创新对于大学生的重要性。

2. 创新意识的定义

通过上一小节我们了解了什么是创新，总体来讲，创新是一种理念，一种思路或者一种方法，它的载体是人。说到人，不得不说人的思维活动——意识，这是人的一种非常特殊且复杂的运动。从医学研究和人体学研究角度来看，意识是人脑对大脑内外表象的觉察。生理学研究中强调意识有辨识真伪的重要功能。无论人在睡眠（机体兴奋度较低）或是清醒时（机体兴奋度较高），意识都处于"运动"过程中。随着对于意识研究的不断深入，学术界已经不断印证，意识本身不仅是对真实世界或者非实世界有意识自身进行反映（映射），还会存在一种能动性，即一种推动作用。意识涉及精神活动、思维构建以及心理活动，但是绝不等同于精神、思维和心理，意识是基于物质的存在和发展的客观规律的，一种经过合理加工后的高级有序的组织形式。意识当然不止存在于人身上，其实动物世界中根据很多动物的行为习性分析，它们也有意识。所以说，意识是随着人类和动物发现世界、探索世界、改造世界而产生的创新活动的结果。同时，意识有传承性，会随着生命延续遗传给后代。可见，意识其实就是一种能量，指引着方向，增强生活乃至生命的动能。

创新意识其实就是对于创新的一种认识、认知、了解和取向。《创新意识》一书中提到，创新意识是人们对创新与创新的价值性、重要性的一种认识水平、认识程度以及由此形成的对待创新的态度，并以这种态度来规范和调整自己的活动方向的一种稳定的精神态势。创新意识总是代表着一定社会主体奋斗的明确目标和价值指向性，成为一定主体产生稳定、持久创新需要、价值追求和思维定式以及理性自觉的推动力量，成为唤醒、激励和发挥人所蕴涵的潜在本质力量的重要精神力量。

创新意识包括创造动机、创造兴趣、创造情感和创造意志，这也是创新意识的四大重要要素。

（1）创造动机是创造活动的动力因素，能推动和激励人们发动和维持创造性活动。

（2）创造兴趣能促进创造活动的成功，是促使人们积极探求新奇事物的心理倾向。

（3）创造情感是引起、推进乃至完成创造的心理因素，只有具有正确的创造情感才能使创造活动获得成功。

（4）创造意志是在创造中克服困难、冲破阻碍的心理因素，具有目的性、顽强性和自制性。

这四大要素之间具有一定的关联性，绝不是相对割裂的。创造动机激发出创造兴趣，由创造兴趣牵引出的创造行为引发创造情感，创造行为过程中的成功与失败磨炼了创造意志。

根据这四大要素不难看出，无论是出于生存需要还是为了生存的质量更高，其实每个人都有创新的动机，虽然意识是"永动"的，但是我们不得不承认，越是活动度高、兴奋度高，创新意识的能量就越强，所以近几年来高校创新活动丰富多彩、成绩斐然，在校大学生已然成为社会创新的主要力量之一。

3. 创新意识的作用

相传，鲁班被任命修建一座宫殿，需要很多木料，当时锯子还没有被发明出来，他和徒弟们只好用斧头砍，效率肯定是非常低的。一次在山上，他不小心，无意中抓了一下一种野草，这个野草把他的手划破了。鲁班不顾手上的伤势，反而关注起这个野草，觉得很奇怪，明明只是一根小草，为什么这样锋利？于是，他摘下了一片叶子仔细观察，马上就发现叶子两边长着许多小细齿，用手一划，感觉到这些小细齿非常锋利。原来，他的手就是被这些小细齿划破的。后来，鲁班又从啃食叶子的大蝗虫身上再次观察到细齿的结构特点和工作原理。这给了鲁班很大启发。于是，他就用大毛竹做成一条带有许多小锯齿的竹片，先到小树上去做试验，结果获得成功。鲁班没有止步于此，他想到竹片这种材料硬度和韧度不够，不能长久使用，为什么不用铁片呢？他便请铁匠帮助制作带有小锯齿的铁片，锯就这样被发明了（见图1-1）。

图 1-1　鲁班发明木工工具

（资料来源：http：//www.15lu.com/lishi/360.html）

很多惊天动地的发明创造，在创新伊始可能就来自看似很平常、被人熟知的日常生活的某些细节，那么，是什么把普通化为不朽，把不起眼升华为惊人呢？就是创新意识，所以创新创造一定是源自生活，源自我们每个人的吃穿住行，创新意识所带来的成果也一定会改变我们的生活。从整体上看，创新意识对于国家、社会和个人有哪些作用呢？

（1）国家层面。创新意识是决定一个国家、民族创新能力最直接的力量源泉。在知识经济蓬勃发展的今天，创新能力实际就是一个国家、民族发展能力的标识，是一个国家和民族立于世界舞台的力量支柱，也是国家和民族整体精神面貌的有力体现。党的十九大报告提出，创新是引领发展的第一动力，是建设现代化经济体系的战略支撑。报告中10余次提到科技、50余次强调创新。

到2035年我国跻身创新型国家前列的目标将激励全社会积极实施创新驱动发展战略，擦亮中国创造、中国制造的闪亮名片。

（2）社会层面。创新意识随着人类的出现而存在至今，也随着人类社会的不断发展越来越系统化，同时促进社会多种因素的变化，推动社会的全面进步。创新意识根源于社会生产方式，它的形成和发展必然进一步推动社会生产方式的进步，从而带动经济的飞速发展，促进上层建筑的进步。创新意识会促进社会政治向更加民主、宽容的方向发展，这是创新发展需要的基本社会条件。这些条件反过来又促进创新意识的扩展，更有利于创新活动的进行。

（3）个人层面。创新意识进一步推动人的思想解放，有利于人们形成开拓意识、领先意识等先进观念；创新意识能促成人才素质结构的变化，提升人的综合能力和本质力量。当今社会对人才的创新力越来越看重，相信在不久的将来，创新将会引发一种新的人才标准，它代表着人才素质变化的性质和方向，它输出着一种重要的信息：社会需要充满生机和活力的人、有开拓精神的人、有新思想道德素质和现代科学文化素质的人。它客观上引导人们朝这个目标提高自己的素质，使人的本质力量在更高的层次得以确证。它激发人的主体性、能动性、创造性的进一步发挥，从而使人自身的内涵获得极大丰富和扩展。

二、发掘创新意识

互动小游戏

美丽的风景线：请在30秒钟内一笔将下面图片中的几个点连接起来，然后看看原来深藏在自己内心的那道风景是如此的美丽。如有学习小组，可以组内分享，敢于说出自己的"答案"。

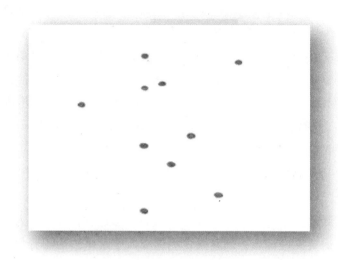

图 1-2 美丽风景线——这样可以吗？

解读：是否有人发现自己落笔时的初衷和最终的作品有着一定的差别，对这个差别大家是否满意呢？其实有所变化是正常的，每个人都处于不断地探索自我的过程中。美国心理学家卡尔·罗杰斯（Carl Ransom Rogers）提出了与现实自我（real self）相对应的理想自我（ideal self）。理想自我代表个体最希望拥有的自我概念、理想概念，即他人为我们设定的或我们为自己设定的特征。罗杰斯认为，对于一个人的个性和行为具有重要意义的是他的自我概念，而不只是现实自我。所以，很多时候，在发现自我的过程中，那些不经意间的小惊喜，其实就是我们不曾仔细认识过的"理想自我"的显现。

如果把上图中每个离散的点看做"创新"，是不是可以把创新意识看做那条靓丽的风景线呢？每个人根据个体的差异性，也会拥有属于自己的独特的创新意识。通过上一部分的学习，想必我们都已经认识到创新意识对于个人来讲是非常重要的，而且创新意识其实已经在我们的心中，那么如何发掘它们并且合理使用他们？

1. 创新意识的来源（创新目标）

20 世纪 90 年代，牛津大学数学名誉教授罗杰·彭罗斯（Roger Penrose）

和亚利桑那大学麻醉学教授斯图尔特·哈密尔夫（Stuart Hameroff）提出了一个假设：意识，是脑神经元最小规模的量子或亚原子尺度活动中产生的。更具体地说，意识将取决于在脑细胞脑神经元微管之间的量子过程（见图1-3）。

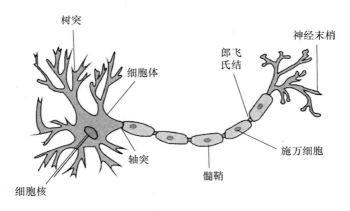

图1-3 人类神经元示意图

（资料来源：www.wesiedu.com/zuoye/5450190096.html）

2014年，日本筑波国家材料科学研究所的研究人员发现脑细胞内微管通过温度调节可以引发量子振动，据此提出了"生命物理学"概念。这些振动是某些频率的范围内自组织的共振。不久，美国宾夕法尼亚大学另一位科学家Roderick G. Eckenhoff的研究，也支持了彭罗斯和哈密尔夫的发现，认为连续不断的意识瞬间汇集成了我们所称的意识流，这也是创新意识在生物学角度的来源，大家公认的是，意识及意识流肯定是由于外部事物或环境给大脑一定的刺激或者人看到、感受到来自外界的刺激，从而投射到大脑中产生的。

从创新角度来看，管理学大师德鲁克（Peter F. Drucker）在《创新与企业家精神》一书中列举了创新的七个来源，至今仍具指导意义。

（1）意外的成功或失败。这不仅仅包括自身，也包括竞争对手。

（2）不协调的事件。包括经济现状的不协调、现实与假设的不协调、认知与实际客户价值和期望的不协调、流程的节奏与逻辑内部不协调。

（3）流程程序需要。通过提供某个"欠缺环节"，使某个程序或流程变为可能。

（4）产业和市场结构。产业升级大环境下，按照原有思路去做必死无疑，这时必须重新思考：我们的业务是什么？

（5）人口统计特征的变化。根据人口规模、年龄、就业、教育程度及收入等相关数据是可以预测相应结果的。

（6）认知的变化。过去，我们吃饭要"吃饱"，现在既要"吃饱"，也要"吃好"，当然，在这个机会的发掘中，时机也是非常重要的。

（7）新知识。基于知识的创新是时间最长的。新知识的创新是多种不同知识的融合，而且这些知识不限于科学或技术知识。

无论是从生物学、管理学还是经济学角度进行分析，创新意识的产生一定是人主动或被动感知外界的刺激后产生的，然而对于一个人的整体生涯规划和事业发展来讲，我们总是希望这个意识不是像烟花一样一闪而过，而是最好能够不断凝聚、强化形成一个相对稳定持久的助动力，从而使创新目标逐渐明晰。

创新是有时效性的，随着时间的推移，曾几何时的创新方法或技术也会被更新的产品、技术或服务所取代，在高新技术快速发展的今天，人的思维意识也要跟上技术发展的步伐，我们的创新意识也要随着外部的变化而不断调整，如果将曾经的创新创想固化，其实也就是离"创新"两个字渐行渐远了。

2. 创新意识的自我评估

根据本章开篇的"自我创新意识评估测试"，同学们已经初步了解自己的创新意识现状，下面大家分组或者自行开始创新意识自我评估训练：

训练题目：（限时10分钟）有10升、7升、3升三个没有刻度的容器，如图1-4所示，起初10升容器内装满了水，请只用这3个容器将这10升水平均分成2个5升水（假设水可以完全倒空），分享下你的思路，并将解决方案填进表1-1中。

图1-4 无刻度容器

表1-1 解决方案

步骤	10升容器	7升容器	3升容器
1			
2			
3			
4			
5			
6			
7			
8			
9			
10			
11			
12			
13			
14			

以下列举两个解决方案：

（1）解决方案一：共计11步，如表1-2所示。

表 1-2 解决方案一

步骤	10 升容器	7 升容器	3 升容器
1	10	0	0
2	7	0	3
3	7	3	0
4	4	3	3
5	4	6	0
6	1	6	3
7	1	7	2
8	8	0	2
9	8	2	0
10	5	2	3
11	5	5	0

（2）解决方案二：共计 10 步，如表 1-3 所示。

表 1-3 解决方案二

步骤	10 升容器	7 升容器	3 升容器
1	10	0	0
2	3	7	0
3	3	4	3
4	6	4	0
5	6	1	3
6	9	1	0
7	9	0	1
8	2	7	1
9	2	5	3
10	5	5	0

同学们，你们的方案是什么？有没有更快捷的方案？开始训练时你的计

划是怎样的？完成训练的过程中遇到了哪些困难？你是如何克服这些困难的？

仔细回忆一下自己在创新意识训练过程中的心理活动，我们不难发现，创新意识从萌发到准备付诸实践体现出一定的过程性，整体可以划分为三个阶段，如图1-5所示。

图1-5　创新意识产生的三个阶段

（1）萌发阶段。发现问题后，针对问题解决的创新点离散式地出现在我们的大脑中，但是具体哪个创新点是我们解决问题的引子，还不确定。

（2）评估阶段。面对众多的创新点，我们人脑并不会像传统的计算机编程处理那样一个一个来试验，根据对一定数量人群进行的调研，人脑一般会面对众多创新点，先来个模糊分类，在分类的同时找到大致的解决方向，以此方式排除无用信息，这是我们在创新性地解决问题时较为"痛苦"的过程，也是耗时最多、最耗费精力的阶段。

（3）顿悟阶段。有了大方向后，捕捉有用的或者说可行的创新点就会高效很多，当个人根据自身特点找到自己认为最适合且较为可行的创新点时，就会产生"顿悟感"，其实也就是找到了解决问题的突破口，不过不用担心这个选择是否一定妥当，在学习创新意识来源这一内容时已经讲过，创新点和创新意识的形成与推进本来就是动态评估调整的过程，只要大方向对了，后续调整产生的损耗其实在整个问题处理过程中的影响是比较小的。

了解了创新意识的产生过程和特点，通过测试和训练，不难发现，我们每个人都是一个潜在的"创新者"，那么一个优秀的创新者身上有哪些共性特质呢？一个优秀的创新者要想在现有基础上有所突破或者革新，他对现有的知识和技术一定应是相当熟悉和了解的，所以创新要有一定的知识技术储备；在创新的过程中会涉及方方面面的内容和环节，其中，很多是与创新技术或产品不相关的内容，更有可能跨行业、跨领域，所以创新者一定要有较强的学习能力。在学习的同时，创新者会专注于"问题"，发现问题、思考问题和解决问题。作为创新要素之一的创造意志其实也是创新者必备素质之一，成功一定是靠1%的机遇加上99%的汗水得来的，通向成功的道路肯定会充满艰难险阻，没有一颗恒心，没有坚强的意志，创新之路将会步履艰辛。另外，还有一个非常重要的品质就是敢于挑战、敢于实践。创新者的果敢也为创新的最终成功赢得了起步时间上的优势，同时，提高了趋利避害的成功概率。所以总结下来，拥有创新意识后，作为一名创新者还要有以下四种品质：好学、好问、坚韧、果敢。

3. 克服哪些障碍

当然，在成为一名优秀"创新者"的路上，我们会碰到一些困难、阻碍，我们统称为障碍。这些障碍有来自内心的，也有来自外在的。我们先来看看创新意识的特征，并根据这些特征来谈谈对应的我们会碰到的障碍。

（1）新颖性——时效性

创新意识或是为了满足新的社会需求，或是用新的方式更好地满足原来的社会需求，创新意识是求新意识。

创新的背景如果是社会的新需求，同样社会也会赋予创新者一个很高的期待，创新者会面临较大的压力。只有把握住时效性，才能有效提高创新的成功率，所以，创新的时效性和创新管理中的时间管理就显得尤为重要。同时，我们也不得不考虑高时效性背后的风险管理问题，时效性管理本质上是一项降低不确定性、进行时间风险管理的工作，是决定科技创新项目成败的核心内容。科技创新管理中涉及的主要风险大致可分为市场风险、执行风险、技术风险、开发成本风险和时间管理风险五类，在实践中，常常通过研究科技创新过程中的时间进度及风险，突显其时效性。①

（2）历史性——融合适应性

创新意识是以提高物质生活和精神生活水平为出发点的，而这在很大程度上受具体的社会历史条件制约，如在阶级社会里，创新意识受阶级性和道德观

---

① 参见董大旻：《科技创新管理中的时效性问题探析》，载《科技管理研究》2009年第1期。

影响与制约。人们的创新意识激起的创造活动和产生的创造成果，应为人类进步和社会发展服务，创新意识必须考虑社会效果。

创新是一种新颖的、超前的东西，但一定不是脱离现实、不切实际的，要有一定的现实依据或者现有理论、技术以及服务的支撑。同样，社会发展也是一个去旧迎新的过程，在创新的道路上也会遇到来自保守思想和传统技术的一些阻碍。面对阻碍时，创新要想生存、发展，就要找寻出路，将"创新"与生产要素融合不失为创新在社会立足和发展的好出路。熊彼特认为，"创新"就是把生产要素和生产条件的新组合引入生产体系，即"建立一种新的生产函数"，其目的是获取潜在的利润。熊彼特指出，这种"创新"或生产要素的新组合，具有五种情况：一是产品创新；二是工艺创新或生产技术创新；三是市场创新；四是材料创新；五是管理创新。

(3) 差异性——人格缺陷

个人的创新意识和他们的社会地位、环境氛围、文化素养、兴趣爱好、情感志趣等方面都有一定的联系，这些因素对创新意识的产生具有重大影响。而这类因素也是因人而异，因此对于个人的创新意识的判断既要考察社会背景，又要考察其文化素养和志趣动机。

对于创造活动的主体来说，创新者要拥有良好的智力因素。然而，智力因素仅仅是必要条件，并非充分条件。深入的研究表明，人的创新倾向、创新意识、创新能力还与创新人格密切相关。创新人格是创新主体进行创新活动的心智基础。[①]

创新人格是指有利于创新活动顺利开展的个性品质，它具有高度的自觉性和独立性，是一个人的品质与德行问题。它包括气质品质、人生态度、动机特征、自我意识、认知风格和情感智慧等方面，其中的一些共同因素，如好奇心、兴趣、意志、情感、性格等非智力因素对于创新活动起了重要作用，备受人们重视。

创新人才必须德才兼备，才能有所作为，正如爱因斯坦所说："第一流人

---

① 参见滑云龙、殷焕举：《创新学》，中国农业大学出版社2006年版。

物对于时代和历史进程的意义,在其道德品质方面,也许比单纯的才智成就方面更大。即使是后者,它们取决于品格的程度,也远超过通常所认为的那样。"①

三、 培育创新意识

1. 创新意识与创新能力

训练题目:认识有创造力的我

(1) 我的姓名是:＿＿＿＿＿＿＿＿＿＿

(2) 我是一名:＿＿＿＿＿＿＿＿＿＿(如美食鉴赏者、摄影达人)

(3) 我用五种感官来介绍我自己:

我看起来像＿＿＿＿＿＿＿＿＿＿(如一汪平静的湖水)

我闻起来像＿＿＿＿＿＿＿＿＿＿(如雨后的竹林)

我摸起来像＿＿＿＿＿＿＿＿＿＿(如剥了壳的鸡蛋)

我听起来像＿＿＿＿＿＿＿＿＿＿(如撒娇的小猫)

我尝起来像＿＿＿＿＿＿＿＿＿＿(如牛奶巧克力)

(4) 我最近的冒险经历:＿＿

(如蹦极、挑战真人模拟鬼屋或阻止小偷偷窃等,可大可小)

训练点评:可以个人表达,也可以小组分享,发现与众不同的自我,通过阐述表达背后的意义,分析自己的答案背后个人的特质。

对很多人来说,受到一些创新点的激发而形成创新意识是件较为容易的事情,但是把一个创新意识变成创新思维并应用到创新的实践并产生创新成果,

---

① 转引自《第一流人物对于时代和历史进程的意义》,http://www.sohu.com,2020 年 5 月 20 日访问。

却是一项非常难的工作，需要一座联通它们的桥梁，这就是创新力或者说创新能力。

通过训练，可以看出，人人都有创新力，但是很多创新力平时或许没有表现出来，是潜在的能力，需要发现和发掘出来。同样，这种创新力也是无穷尽的，因为创新意识一直存在，创新力也会永不停歇。

那么，什么是创新能力？它的要素有哪些？

创新能力是在技术和各种实践活动领域不断提供具有经济价值、社会价值、生态价值的新思想、新理论、新方法和新发明的能力。创新能力是动物本能，也是人类各种能力中的一种能力的诠释或代称，如果将人类的各种能力分级的话，那么，创新能力是各种能力中的最高级别。

创新能力由多种能力构成，包括学习能力、分析能力、综合能力、想象能力、批判能力、创造能力、解决问题的能力、实践能力、组织协调能力以及整合多种能力的能力。

创新能力具有四大特点：

（1）综合性，即把多种能力集中起来，充分加以运用。

（2）独创性，即凭借想象力和创造性思维构造出前所未有的东西，打破以往的模式和框架。

（3）实践性。创新与发明创造的区别就在于它的推广应用，实现创造发明成果的价值。

（4）坚持不懈。创新是一个复杂的、系统的过程，涉及创新者自身的能力和社会环境，要取得成功需要反复试验和探索，必须坚持不懈。

2. 培育大学生的创新创业意识

当代大学生肩负着继承和发展民族大业的重要使命，对大学生创新创业能力的培养关乎时代发展和社会走向。使青年学生拥有良好的非智力因素，是我们国家的创新活动能否健康、持续和有效开展的关键。但同时，我们也要认识到，近几年高校面临的诸如慢就业、不就业、就业能力差等毕业生就业问题日益突出，企业对创新型人才的需求转变成一种必然要求，故培育大学生创新创业意识势在必行。

那么，很多大学生要问了，创新和创业是一回事吗？

创新与创业密不可分，那么，他们之间到底是什么关系？如果将创新与创业看作一个互相促进的整体，那么这个整体的产生也就是从 0 到 1 的过程。0 一定是创新意识驱动下的创新思维，1 到无穷也就是创新与创业共同作用，如图 1-6 所示。

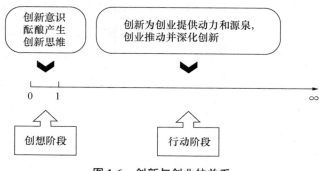

图 1-6　创新与创业的关系

如果说从 1 到无穷创造的是伟大，那么从 0 到 1 就是一个奇迹。创新创业意识的萌发对今后的发展是至关重要的，下面阐述培养创新创业意识的方法或途径。

首先，破除思维定式。思维定式（thinking set），也称"惯性思维"，是由先前的活动造成的一种对活动的特殊的心理准备状态，或活动的倾向性。在环境不变的条件下，思维定式使人能够应用已掌握的方法迅速解决问题。而在情境发生变化时，它则会妨碍人采用新的方法。思维定式有益于日常对普通问题的思考和处理，但不利于创造性思维，阻碍新思想、新观点、新技术和新形象的产生，是我们创新的枷锁。

思维定式是一种按常规处理问题的思维方式，它可以省去许多摸索、试探的步骤，缩短思考时间，提高效率。在日常生活中，思维定式可以帮助人们解决每天碰到的 90% 以上的问题。思维定式有三大特征：

（1）趋向性。思维者具有力求将各种各样问题情境归结为熟悉的问题情境的趋向，表现为思维空间的收缩，带有集中性思维的痕迹。如学习立体几何，应强调解题的基本思路,即将空间问题转化为平面问题。

(2) 常规性。如学习因式分解,必须掌握提取公因式法、十字相乘法、公式法、分组分解法等常规方法。

(3) 程序性,是指解决问题的步骤要符合规范化要求。如证明几何题,怎样画图,怎样叙述,如何讨论,怎样进行格式摆布,甚至如何使用"因为、所以、那么、则、即、故"等,都要求清清楚楚、步步有据且格式合理,否则就显得混乱。

同样,思维定式对问题解决既有积极的一面,也有消极的一面,它容易使我们产生思想上的惯性,养成一种呆板、机械、千篇一律的解题习惯。当新旧问题形似质异时,思维定式往往会使解题者步入误区。所以,我们要破除"权威定式""从众定式""知识—经验定式"。[1]

其次,扩展思维视角。"视角"就是思考问题的角度、层面、路线或立场,应该尽量多地增加头脑中的思维视角,学会从多种角度观察同一个问题。

(1) 肯定—否定—存疑

肯定,当头脑思考一种具体的事物或者观念的时候,首先设定它是正确的、好的、有价值的,然后沿着这种视角,寻找这种事物或观念的优点和价值。否定,从反面和对立面来思考一个事物或一种观念,并在这种视角的支配下寻找这个事物或者这种观念的错误、危害等负面价值。存疑,当难以判定时,不妨放下问题,过一段时间再进行判定。

(2) 自我—他人—群体

自我,我们观察和思考外界的事物,总是习惯以自我为中心,用我的目的、我的需要、我的态度、我的价值观念、我的情感偏好、我的审美情趣等,作为"标准尺度"去衡量外来的事物或观念。他人,在思维过程中从别人的角度,站在"城外",对同一事物或观念进行一番思考,发现创意的苗头。群体,对于同一事物或观念,从个人的视角和从群体的视角看,往往会得出不同的结论。

---

[1] 参见冯忠良等:《教育心理学》,人民教育出版社2010年版。

（3）无序—有序—可行

无序，在产生创意思维的时候，特别是在产生创新意识的初期阶段，应该尽可能打破头脑中的所有条条框框，包括"法则""规律""定理""守则""常识"之类的东西，进行一番"混沌型"的无序思考。有序，在思考某种事物或者观念的时候，按照严格的逻辑来进行，透过现象看到本质，排除偶然性，认识必然性。可行，必须实事求是地对观念和方案进行可行性论证，从而保证头脑中的新创意能够在实践中获得成功。[①]

案例分析

东华大学纺织学院马同学团队现代"软猬甲"柔性防刺服项目

马同学，东华大学201×届纺织学院硕士毕业生，硕士期间从事柔性防刺复合材料的设计与制备工艺研究，对比了不同工艺的优劣，优化了网板成型工艺路线中温度、配比时间等工艺参数，并对材料的力学性能进行了测试。毕业后即和合伙人创立了上海圣甲安全防护科技有限公司，公司以研究生阶段的课题为依托，继续进行中试实验和小批量生产，并以此材料设计、加工、生产各种款式柔性防刺服，如防砍护臂、护肩、护腿以及防割手套等一系列人身防护用品。公司在为武警、公安干警、城管保安提供全方位防护的同时，致力于将产品推广到各民用领域，如体育、户外、消防、建筑、机械、化工等工业安全防护领域。

虽然一般观点认为，纺织是一个传统行业和夕阳行业，但马同学和小伙伴们从创业伊始就认定了纺织科技创业这条道，觉得自己所学的纺织专业也"大有可为"。创业之初，由于产品行业的特殊性，市场一时间打不开，如何稳定团队成为难点。马同学团队建立了定期的核心成员交流机制，避免团队成员间

---

① 参见邓文达、邓朝晖、李一：《大学生创新创业》，人民邮电出版社2016年版。

因为沟通少而造成一些误会；同时，定期总结发展中的经验，通过相互交流找到解决问题的方法，制定接下来的发展方向；营造良好的创业团队氛围，使团队活起来，让大家有一种上班并快乐着的感觉，这样才能使所有人真正拧成一股绳，实现 $1+1>2$。

马同学曾说过："纺织不只是织布穿衣那么简单，它里面有大量高科技成分。就拿防刺防砍服来说，什么样的材料既轻且柔还透气，什么样的结构才能保证刀砍不烂刺不破，这些都是我们在研发中一个个啃下来的'硬骨头'，真正拥有了这些核心技术，我们才能在科技创业的路上走得更有底气、更稳。"

是什么让马同学在传统认识中的"夕阳行业"里找到了新的机遇呢？扎实的学识基础，对于现有安全防护服饰的创新意识，再加上浓厚的创新创业兴趣、坚韧的创业意志，让他能够在创业这条路上坚定地走下去。

小结

国家非常重视创新创业相关工作，习近平同志指出："拥有一大批创新型青年人才，是国家创新活力之所在，也是科技发展希望之所在。"李克强同志曾对首届中国"互联网＋"大学生创新创业大赛作出重要批示，强调把创新创业教育融入人才培养，要厚植大众创业、万众创新土壤。中央分别出台重要文件，如国务院印发的《关于推动创新创业高质量发展，打造"双创"升级版的意见》（国发〔2018〕32号）、国务院办公厅发布的《关于深化高等学校创新创业教育改革的实施意见》（国办发〔2015〕36号）、教育部发布的《关于大力推进高等学校创新创业教育和大学生自主创业工作的意见》（教办〔2010〕3号）等，并以文件精神为创新创业工作指导思想。各高校分别成立大学生创新创业中心、创业学院等组织来推动这项工作。作为国家未来希望的青年大学生们，更要深刻认识到创新创业能力对于自身的重要性，它不仅是国家发展的动力，更是一个人不断进步的力量源泉；大学生要把握住时代的脉搏，潜心学习，广博地吸收知识，抓住创新创业的春风，利用校园文化活动、学科竞赛、创新创业大赛、项目研究申报等各类平台不断提升个人创新创业能力，为我国转型发展贡献自己的力量。

1. 按照创新和创新意识的含义,请你列举自己的几个例子。
2. 寻找身边的创新之星,在自己的人际圈子内找到一名自己佩服的创新之星,分析其成就和经历,总结其个人突出的创新品质,并与小组同学分享。

第二章 道术合一——创新方法

《道德经》言:"有道无术,术尚可求也,有术无道,止于术。"庄子云:"以道驭术,术必成,离道之术,术必衰。""道",是规则、自然法则,即万物变迁循环中亘古不变的规律;也是一种学科或一门学问,做人有为人之道,经商的有商道。"术",是行式、方式,是一种术科、术语,是做事的方法和行为,是在规则体系指导下的具体操作方法,狭义上讲就相当于现代社会的"自然科学"。"道为术之灵,术为道之体;以道统术,以术得道。"道是思想,术是方法,道术合二为一,才是正道。

市场经济环境和全球化潮流给当代思想带来了深刻的影响和挑战,赋予"道"与"术"新的意义。在大众创业、万众创新的今天,在创新创业方法的学习中,所谓"道",就是创新创业的根本规律;所谓"术",就是创新创业的方法和实践技能。道术合一,就是找到并遵循创新创业的根本规律,研究并实践创新创业的方法和技能。道术相济,道术合一,才能制定最好的策略。

学习目标

了解现代市场创新的类型,培养创新思维,掌握创新方法,有意识地培养个人创新能力,并通过案例学习,对创新思维和方法有更深入的理解和认识。

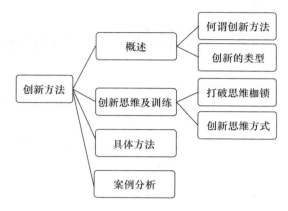

课程导入 思维训练活动

(1) 请在"口"字上加笔画构成新的字,最多加3笔,写出尽可能多的字来

口加一画:中、日、曰、巳、尸……

口加两画:田、旦、石、申、由、甲、右、加、电、古、白、旧、叱、只、四、目、叮、叶、叩、叹、另、田、可、囚、号、叽、叭、台、叵、叼、叫、叨、史、卟、叹、兄、叱、囝、司、劢、夯、囟、同……

口加三画:后、同、向、名、合、各、吗、吃、吉、吸、吓、吐、吕、吊、吏、吁、吒、吆、吔、吉、吏……

(2) 尽可能多地说出"饭菜"的烹饪方式

炒、爆、熘、炸、烹、煎、贴、烧、焖、炖、蒸、汆、煮、烩、炝、拌、腌、烤、卤、冻、拔丝、蜜汁、熏、卷、滑、焗、涮、盐焗、熬、干煸……

(3) 画"桥",尽可能多地画出不一样的桥

(4) 阐述雨伞存在哪些问题,并提供解决方案

存在的问题:

课程导入

- ✓ 容易刺伤人
- ✓ 拿伞的那只手无法再做其他用途
- ✓ 室内、乘车容易弄湿其他物品
- ✓ 伞骨易断
- ✓ 伞布透水
- ✓ 开伞，尤其是收伞不方便
- ✓ 样式单调、花色少，容易拿错
- ✓ 往往不能兼顾晴雨两用
- ✓ 携带不方便
  ……

解决方案：
- ✓ 增加折叠伞品种、花色
- ✓ 改善伞布、伞骨的材料
- ✓ 制作推广反开伞
  ……

一、创新方法概述

创新有方法吗？当然有！创新并非少数天才的个例行为，一个分工明确的团队，加上有效的系统方法，就能很好地实施创新。创新是解决问题的过程，如要渡过一条大河，创新方法就是利用桥或船，创新方法是创新的"工具"。如果没有工具，要实现创新则是困难的。培养创新思维，学习掌握创新方法，是创新创业的基础。

1. 何谓创新方法

创新方法是人们在创造发明、科学研究或创造性解决问题的实践过程中，所采用的有效方法和程序的总称。它通过研究一个个具体的创新过程，比如创新的题目是怎样确定的，创新的设想是怎样提出的，设想又如何变成现实等，揭示创新的一般规律和方法。

自近代科学产生以来，尤其是进入 20 世纪之后，思维、方法和工具的创新与重大科学发现之间的关系更加密切。据统计，从 1901 年诺贝尔奖设立以来，约有 60%—70%的成果是由于科学观念、思维、方法和手段上的创新而取得的。

2. 创新的类型

创新分类的参考指标很多，根据不同分类指标可以得出不同的分类结果。如根据创新组织方式，可分为独立创新、合作创新和引进创新；根据创新的强度，可分为渐进性创新、突破性创新、革命性创新。

通常，更多的是根据创新的对象、内容或表现形式进行分类，有以下六种：

（1）知识创新

知识创新是指通过科学研究，包括基础研究和应用研究，获得新的基础科学和技术科学知识的过程。知识创新的目的是追求新发现、探索新规律、创立新学说、创造新方法、积累新知识。知识创新是技术创新的基础，是新技术和新发明的源泉，是促进科技进步和经济增长的革命性力量。

（2）技术创新

技术创新是指生产技术的创新，包括开发新技术，或者对已有的技术进行应用创新。科学是技术之源，技术是产业之源；技术创新建立在科学规律的发现基础之上，而产业创新主要建立在技术创新基础之上。

（3）产品（服务）创新

产品（服务）创新是指改善或创造产品（服务），进一步满足顾客需求或开辟新的市场。产品创新可分为全新产品创新和改进产品创新。全新产品创新是指产品用途及其原理有显著的变化；改进产品创新是指在技术原理没有重大变化的情况下，基于市场需要对现有产品所做的功能上的扩展和技术上的改进。

（4）制度创新

制度创新是指在人们现有的生产和生活环境条件下，通过创设新的、更能有效激励人们行为的制度、规范体系来实现社会的持续发展和变革的创新。所有创新活动都有赖于制度创新的积淀和持续激励，通过制度创新得以固化，并以制度化的方式持续发挥自己的作用，这是制度创新的积极意义所在。

（5）管理创新

管理创新是指企业把新的管理要素（如新的管理方法、新的管理手段、新的管理模式等）或要素组合引入企业管理系统以更有效地实现组织目标的活动。

（6）营销创新

营销创新是指营销策略、渠道、广告、活动等方面的创新。

此外，根据创新的领域进行分类，创新可以分为教育创新、金融创新、工业创新、农业创新、国防创新、社会创新、文化创新等；根据创新的行为主体进行分类，创新可以分为政府创新、企业创新、团体创新、大学创新、科研机构创新、个人创新等。

二、创新思维及训练

创新思维是人类思维的精华，是创新能力的核心，是探索未知领域过程中，发挥人的主观能动性，以超越常规的眼光观察思考问题，提出与众不同且又能经得起检验的全新观点、全新思路和全新方案，从而解决问题的思维活动。创新思维是人类文明进步的动力，是国家兴旺发达的动力，是企业发展的动力。进行创新实践、掌握创新方法之前，必须训练创新思维，破除思维枷锁，掌握创新思维方式。

创新思维的本质在于将创新意识的感性愿望提升到理性的探索上，实现创新活动由感性认识到理性思考的飞跃。创新思维的过程大概可归纳为四个阶段：提出问题、收集资料、创新突破、验证总结。

1. 打破思维枷锁

我们从小学习交通规则，红灯停，绿灯行，通过长时间的反复训练，人们一看到红色就会自然地产生"停止"的行为反应。在长期的思维活动中，每个人都形成了自己惯用的思维模式，当再面临某个事物或现实问题时，便会不假思索地把它们纳入已经习惯的思想框架进行思考和处理，多次以这种惯性思维模式来对待客观事物，即形成了"思维定式"。

思维定式多种多样，不同的人有不同的思维定式。常见的思维定式有从众型、惯性型、经验型和权威型。

（1）从众型思维定式

在社会互动中，人们以不同的方式影响周围的人。人们在心理上倾向于相信大多数，当个人与大多数人的判断发生矛盾时，往往服从大多数人的观点而怀疑自己的判断。从众型思维定式即是指没有或不敢坚持自己的主见，总是顺从多数人意志的一种广泛存在的心理现象。例如，当我们走到十字路口，看到红灯已经亮了，本应该停下来，但看到大家都在往前冲，自己也会随着人群往前冲。

从社会学角度分析，从众思维源于人的群居特性，为了维持群体生活，多奉行"个人服从群体，少数服从多数"的准则，这个准则逐步演化成一种思维原则。心理方面，从众思维使得个人有归宿感和安全感，无须独自承担责任。但是，从众思维会扼杀创新，因为创新以求异为基本特征，新思想、新事物必然与众不同。在我国这样一个崇尚传统的国家，从众思维的枷锁更加稳固，在中庸的传统观念影响下，人们往往人云亦云，不愿做出头鸟。

(2) 惯性型思维定式

惯性思维就是思维沿前一思考路径以线性方式延伸，并暂时封闭其他的思考方向。惯性思维既能省去摸索和试探的步骤，缩短思考时间，又可以提高思考的成功率。但惯性思维不利于创新思考，是创新过程中的一大枷锁，打破惯性思维枷锁的关键在于跳出思维束缚。

惯性思维主要有三种表现：强势惯性、预设惯性和惰性惯性。

① 强势惯性。一种强势的印象在人们脑海中长期积累而成，在思考时会阻挡思维的其他方向，若跳出这种惯性，问题就迎刃而解。

② 预设惯性。思维是有预设条件的，人们只能在已经预设的、特定的、无形化的语境、逻辑、价值、常识中思考。人们对自己熟悉的语言在长期使用中已经建立了某种定式联想，这种联想会以一种惯性的力量将我们推进陷阱，很多脑筋急转弯都遵循这种套路。

③ 惰性惯性。惰性是人类思维深处的一种保守力量，人们总是习惯用老眼光看新问题，而不愿意重新探索尝试，这种保守不仅仅是指有意识的应变策略，更是指一种下意识地对变化作出的迟钝反应。

【游戏】测量一个人的思维保守程度：首先让被试者看一张狗的图片，然后再给他看一连串类似第一张的图片，后续每一张都与第一张有点差异，每一张都减少一点狗的特征，加上一点猫的特征，这些差异演变到最后逐渐成为一张猫的图片。思维比较保守的人在这一连串图片中，一直说是狗的次数比较多，而激进的人会更早地认为是猫。

(3) 经验型思维定式

经验是人类通过实践所获得的知识、掌握的规律或技能，是在实践中获得的主观体验和感受，是理性认识的基础，但经验并未充分反映出事物发展的本质和规律。每个人都有自己一定的思维方法，来源于每个人不同的生活环境和人生经历，人们从中了解到如何待人接物和自我表现。这种思维框架对人们的思维活动起着规范作用，引导人们对外界信息进行选择、过滤、吸收、加工，从而得出结论，这就是经验型思维定式。

经验型思维定式是指人们处理问题时按照以往的经验去做的一种思维习惯，它忽略了经验的相对性和片面性，制约了创造性思维的发挥。经验思维是创新活动的重要枷锁，它阻碍创新思路的开阔，限制联想、想象力的发挥，是新思想、新方法、新形象、新技术产生的障碍。

例如，中国古代有个成语叫"守株待兔"。宋人有耕田者，田中有株，兔走触株，折颈而死。因释其耒而守株，冀复得兔。兔不可复得，而身为宋国笑。再如，诸葛亮敢演空城计，就是利用了司马懿的思维定式，不断改变己方策略，而司马懿正是由于以往作战经验形成的思维定式，使得他不敢进城，从而错过了战争胜利的机会。又如，18世纪的天文学家绝不相信陨石确实是从天上掉下来的，坚持认为这是从某处捡来的或是大风刮来的，要不就是目击者撒谎，直到1803年4月26日，眼睁睁看到几千块陨石从天而降，落在法国莱格尔镇，天文学家才不情愿地承认陨石确实是从天上掉下来的。

（4）权威型思维定式

由于时间、精力和客观条件等方面的限制，人们通常只能懂得有限的专业知识，在专业领域之外就不得不求助于专家。于是，不少人习惯于引证权威观点，不加思考地以权威的是非为是非，缺乏独立思考的能力。一旦发现与权威相违背的观点或理论，便想当然地认为其必错无疑，这种唯权威是瞻的思维习惯或程式就是权威型思维定式。

权威是任何社会、群体中都不可缺少的，但是权威型思维定式在社会生活中是非常有害的，对创新活动起着阻碍、破坏作用。在权威思维影响下，一切以权威的观念作为是非的衡量标准，使人们思维僵化，否定了发展和创新的可能。

《战国策》中有个"伯乐相马"的故事：有一个人卖骏马，接连三天无人问津，卖马人很着急，于是去见伯乐说："我有一匹骏马，想要卖掉它，希望先生您能绕着我的马看一下，离开时回头再一眼，这样我愿意给您一天的费用。"伯乐照做了，结果马的身价竟然涨了十倍。喜剧电影《西虹市首富》中有一个故事让人捧腹大笑：主角王多鱼为花光十亿元人民币，投资夕阳企业股票，却因为他与股神巴菲特共进午餐引起股民追捧，大涨之下赚了一亿。古今中外，人们一直有飞天梦，但科学技术的权威却断言人类根本不能飞上天空，17世纪意大利科学家约翰·博雷利、19世纪初法国科学院院士勒让德、19世纪末德国著名物理学家赫尔姆霍茨等都先后发表过类似论断；1902年，美国天文学界权威、海军科学顾问西蒙·纽科姆明确宣称："靠比空气重的机械飞行即使并非绝对不可能，也是不现实的，毫无重要性可言。"然而，1903年12月17日，美国莱特兄弟制造了第一架以内燃机为动力的飞机并试飞成功，粉碎了这些科学技术家的权威性论断。

权威型思维定式是思维惰性的表现，是对权威的迷信、盲目崇拜与夸大。对此，应注意以下几点：

① 避免权威泛化。任何权威都有一定的专业限制，试问一位歌星就有资格推荐润喉片吗？一位发明家就能够更好地参政议政吗？面对社会上权威泛化的现象，我们要时刻警惕：他对该领域是否有研究？他的言论对于该领域是否有价值？

② 因地制宜。权威还受到地域的限制，一个地区的权威性意见并不一定适用于其他地方，不能盲目套用。

③ 时移事易。"江山代有才人出，各领风骚数百年。"随着时间的推移，旧权威必然让位于新权威。

④ 思考权威的真实性。我们应当注意的是有些权威是借助政治地位、经济力量、媒体包装等外在力量包装出来的，其实这些并非真正的权威，即便是真正的权威也会出于某种利益需要，做出有利于自己的结论。[①]

2. 创新思维方式

创新思维的运用目的，就是让我们具有"新的眼光"，克服思维定式，打破技术系统旧有的阻碍模式。一些看似很困难的问题，如果我们投以"新的眼光"，站在更高的位置，从不同的角度来看待，就会得出新奇的答案。

---

① 参见姚凯主编：《大学生创业导论》，清华大学出版社2015年版。

(1) 发散思维与收敛思维

思想家托马斯·库恩认为，科学革命时期发散思维占优势，常规科学时期收敛思维占优势，一个好的探索者要在发散思维和收敛思维之间保持必要的张力。

发散思维是由美国心理学家吉尔福特提出的，是对同一问题从不同层次、不同角度、不同方向进行探索，从而提供新结构、新点子、新思路或新发现的思维过程。

发散思维具有流畅性、灵活性和独特性的特点。

① 流畅性

流畅性是思想的自由发挥，指在尽可能短的时间内生成并表达出尽可能多的思维观念以及较快地适应、消化新的思想观念，是发散思维量的指标。例如，在思考"取暖"有哪些方法时，可以从取暖方法的各个方向发散，有晒太阳、烤火、开空调、剧烈运动、多穿衣等，这些都是同一方向上数量的扩大，方向较为单一。

② 灵活性

灵活性是指克服人们头脑中僵化的思维框架，按照某一新的方向来思索问题的特点。它常常借助横向类比、跨域转化、触类旁通等方法，使发散思维从不同的方面和方向扩散以呈现多面性和多样性。

吉尔福特在"非常用途测验"中，要求学生在8分钟内列出"红砖"所有可能的用途。某一学生说出可以盖房子、盖仓库、铺路等常规用途；另一学生说可以打狗、钉钉子、做尺子等，这些答案灵活性较大，多是非常规用途，可见该学生所表现的创新能力较高。

③ 独特性

独特性表现为发散的"新异""奇特"和"独到"，即从前所未有的新角度认识事物，提出超乎寻常的新想法，使人们获得创造性成果。

发散思维的具体形式包括用途发散、功能发散、结构发散和因果发散等。采用发散思维，可以尽可能多地提出解决问题的办法，最后再收敛，通过论证各种方案的可行性，最终得出理想方案。

收敛思维是将各种信息从不同的角度和层面聚集在一起，尽可能利用已有的知识和经验，对各种信息重新进行组织、整合，实现从开放的自由状态向封闭的点进行思考，从不同的角度和层面，把众多的信息和解题的可能性逐步引导到条理化的逻辑序列中，以产生新的想法，寻求相同目标和结果的思维方法，形成一个合理的方案。

在采用收敛思维的过程中，要想准确地发现最佳的方法或方案，必须综合考察各种发散思维成果，并对其进行归纳、分析比较。收敛式综合并不是简单的排列组合，而是具有创新性的整合，即以目标为核心，对原有的知识从内容到结构上有目的地进行评价、选择。

发散思维所产生的设想或方案通常多数都是不成熟或者不切实际的。而收敛思维具有唯一性、逻辑性和比较性三大特点。

【练习：发散思维】

首先，以材料、功能、结构、形态等为发散点，进行发散练习。如列举饮料瓶的用途。红颜色可以用在哪里？如何实现自行车防盗？怎样使聋哑人打电话？

其次，因果发散练习。如重男轻女的观念会造成什么后果？造成学生学业负担过重的原因有哪些？

（2）横向思维与纵向思维

横向思维是截取历史的某一横断面，研究同一事物在不同环境中的发展状况，并通过与周围事物的相互联系和相互比较，找出该事物在不同环境中的异同。纵向思维是从事物自身的过去、现在和未来的分析对比中发现事物在不同时期的特点及前后联系从而把握事物本质的思维过程。

横向思维是由爱德华·德·波诺于1967年在其《水平思维的运用》一书中提出的。横向思维从多个角度入手，改变解决问题的常规思路，拓宽解决问题的视野，从而使难题得到解决，在创造活动中发挥着巨大作用。

在运用横向思维的过程中，首先把时间概念上的范围确定下来，然后在这个范围内研究各方面的相互关系，使横向比较和研究具有更强的针对性。横向思维对事物进行横向比较，即把研究的客体放到事物的相互联系中去考察，可以充分考虑事物各方面的相互关系，从而揭示出不易觉察的问题。横向思维突破问题的结构范围，是一种开放性思维，思维过程中将事物置于很多事物、关系中进行比较，从其他领域事物、关系中获得启示，从而得到最终的结果。

纵向思维被广泛应用于科学和实践之中。事物发展的过程性是纵向思维得以形成的客观基础，任何一个事物都要经历萌芽、成长、壮大、发展、衰老和死亡的过程，并且可在这个发展过程中捕捉到事物发展的规律性，纵向思维就是对事物发展过程的反映。纵向思维按照由过去到现在、由现在到将来的时间先后顺序来考察事物。

纵向思维对未来的推断具有预测性，纵向思维的预测结果可能符合事物发展的趋势。在现实社会中，通过对事物现有规律的分析预测未知的情况相当普遍，纵向思维方法在气象预测、地质灾害预测等领域广泛应用，对于指导人们的行为、决策和规划起着较大作用。

【练习：横向 & 纵向思维】

某工厂新建高层办公大楼，并计划拆掉原矮小破旧办公楼。员工搬入新大楼不久，便开始抱怨电梯不够快、不够多，尤其是上下班高峰时段，要花费很长时间等电梯。请提供解决办法。

首先，纵向思维（解决"电梯"问题）：

一是电梯分奇偶层数停；

二是增加室外电梯；

三是按部门错开上下班时间；

四是搬回旧办公大楼。

其次，横向思维：

在电梯旁边墙上安装镜子，人们看到镜子，会习惯性审视自己，或是偷偷观察别人，注意力不再集中于等待电梯，焦虑的心情会得到放松。大楼并不缺电梯，而是人们缺乏耐心。

(3) 正向思维与逆向思维

正向思维是按常规思路，以时间发展的自然过程、事物的常见特征、一般趋势为标准的思维方式，是一种从已知到未知来揭示事物本质的思维方法。与正向思维相反，逆向思维在思考问题时，为了实现创造过程中设定的目标，跳出常规，改变思考对象的空间排列顺序，从反方向寻找解决办法。正向思维与逆向思维相互补充、相互转化。

正向思维是人们最常用到的思维方式。正向思维法是在对事物的过去、现在充分分析的基础上，推知事物的未知部分，提出解决方案。

正向思维具有如下特点：在时间维度上与时间的方向一致，随着时间的推进进行，符合事物的自然发展规律和人类认识规律；能够认识具有统计规律的现象，能够发现和认识符合正态分布规律的新事物及其本质；面对生产生活中的常规问题时，具有较高的处理效率，能取得很好的效果。

逆向思维法利用了事物的可逆性，从反方向进行推断，寻找常规的岔道，并沿着岔道继续思考，运用逻辑推理去寻找新的方法和方案。

逆向思维在各种领域、活动中都有适用性。不论哪种方式，只要从一个方面想到与之对立的另一方面，都是逆向思维。

【练习：逆向思维】

小张借给小李 5000 元钱，并写了借据。快到还钱期限时，小张发现借据丢了，很是着急。小张知道，如果没有借据，小李一定会赖账。请同学们思考解决方法。

方案：小张发信息提醒小李，记得还他 6000 元钱。因金额与借据不符，小李会质问只借了 5000 元，不是 6000 元，即主动认可还欠 5000 元。

(4) 求同思维与求异思维

求同思维是指在创造活动中，把两个或两个以上的事物根据实际需要联系在一起进行"求同"思考，寻求它们的结合点，然后从这些结合点中产生新创意的思维活动。求异思维是指对某一现象或问题进行多起点、多方向、多角度、多原则、多层次、多结果的分析和思考，捕捉事物内部的矛盾，揭示表象下的事物本质，从而选择富有创造性的观点、看法或思想的一种思维方法。

求同思维包括归纳法和演绎法。从已知的事实或者已知的命题出发，通过沿着单一的方向一步步推导来获得满意的答案，以获得客观事物共同本质和规律的基本方法是归纳法；对归纳出的共同本质和规律进行推广的方法是演绎法。这些过程中，肯定性的推断是正面求同，否定性的推断是反面求同。

在遇到重大难题时，采用求异思维，常常能突破思维定式，打破传统规则，寻找到与原来不同的方法和途径。求异思维在经济、军事、创造发明、生产生活等领域广泛应用。求异思维的客观依据是任何事物都有的特殊本质和规律，即特殊矛盾表现出的差异性。要进行求异思维，必须积极思考和调动长期积累的社会感受，从而给人们带来新颖的、独创的、具有社会价值的思维成果。①

三、创新方法分类

对创新活动的实质进行思考和挖掘，并对创新思维的内在规律加以总结归纳，形成一系列有助于方案产生或问题解决的策略，即为创新方法。

创新方法有列举法、类比法、移植法、头脑风暴法、六顶思考帽法、检核表法、组合创新法、逆向转换法、TRIZ 理论法等。

1. 列举法

列举法主要分为属性列举法、希望点列举法、优点列举法和缺点列举法四种，见表2-1。

---

① 参见周苏、褚赟主编：《创新创业：思维、方法与能力》，清华大学出版社2017年版。

表 2-1 列举法分类

类型	具体解释	说明
属性列举法	先观察和分析属性特征，再针对每项特征提出创新构想	创意思维策略，强调人们在创造的过程中，先观察和分析事物或问题的属性特征，然后再针对每项特性提出响应的改良或改变的构想
希望点列举法	不断地提出理想和愿望，针对希望和理想进行创新	不断提出理想和愿望，针对这些理想和愿望，寻找解决问题的对策、实现的方法
优点列举法	逐一列出事物优点，进而探求解决问题的方法和改善的对策	通过逐一列出事物的优点，寻求解决问题、提出改善对策的方法
缺点列举法	例举和检讨缺点和不足之处，找出解决问题的方法和改善的对策	与优点列举法相对应，通过不断列举并分析其缺点，找出解决问题的方法和改善的对策

2. 类比法

类比法是根据两个或两类对象之间在某些方面的相同或相似而推出它们在其他方面也可能相同或相似的一种思维形式和逻辑方法。根据类比的对象、方式等的不同，类比法大致可以分为：直接类比、拟人类比、幻想类比、对称类比、因果类比、仿生类比、综合类比等。

3. 移植法

移植法，是指将某一领域已有的原理、技术、方法、结构、功能等，渗透或应用到另一领域而产生新事物、新观念、新创意，为解决某一问题提供启发、帮助的创新方法。移植法是科学研究中最有效、最简便的方法，也是在研究中运用最多的创新方法。

4. 头脑风暴法

头脑风暴法，又称智力激励法、BS 法，由美国人 A.F. 奥斯本创造，是一种主要用于激励集体智慧以提出大量新设想的方法。通过小型会议的组织形式，让所有参加者在自由愉快、畅所欲言的气氛中，自由交换想法或点子，并以此激发与会者的创意及灵感，使各种设想在相互碰撞中激起脑海的创造性"风暴"。头脑风暴法可分为直接头脑风暴法和质疑头脑风暴法两种。

为了更好地运用头脑风暴法，使思维活动真正起到互激效应，必须严格遵守以下四项基本原则：

（1）延迟评价；

（2）鼓励自由想象；

（3）以数量求质量；

（4）鼓励巧妙地利用并改善他人的设想。

头脑风暴法会议的主要程序如下：

（1）会议人员以5—10人为宜，包括主持人、记录员和参加者，会议以半小时为宜，提前通知大家做好充分的准备。

（2）明确目标，千万不能无的放矢，也不可过分周全，否则过多的信息会限制人的思维，影响创新能力。

（3）自由畅谈，简洁明了，只谈论自己的想法，不妄自评论他人言论。

（4）筛选论证，剔除不合适方案，将相似的观点归纳合并，从可行性、实际效果、经济回报、时间要求、社会效益等多个方面进行筛选论证，选择最佳方案。

5. 六顶思考帽法

六顶思考帽法具体内容参见下表：

表2-2　六顶思考帽法

帽子	含义、功能、特点	承担创新工作任务
白色思考帽	白色代表中立与客观。戴上白色思考帽，人们就只关注事实和数据	陈述问题事实
红色思考帽	红色代表感性和直觉，使用时不需要给出证明和依据。戴上红色思考帽，人们可以表现自己的情绪，还可以表达直觉、感受、预感等方面的看法	对方案进行直觉判断
黄色思考帽	黄色代表价值与肯定。戴上黄色思考帽，人们从正面考虑问题，表达乐观的、满怀希望的、建设性的观点	评估该方案的优点
黑色思考帽	黑色代表谨慎消极。戴上黑色思考帽，人们可以运用否定、怀疑、谨慎、质疑的看法，合乎逻辑地进行批判，尽情发表负面的意见，找出逻辑上的错误，进行逻辑判断与评估	列举该方案的缺点

(续表)

帽子	含义、功能、特点	承担创新工作任务
绿色思考帽	绿色代表跳跃与创造，寓意创造力和想象力，具有创造性思考、头脑风暴、求异思维等功能。戴上绿色思考帽，人们不需要以逻辑性为基础，可以帮助人们寻求新方案和备选方案，作出多种假设。并为创造力的尝试提供时间和空间	提出如何解决问题的建议
蓝色思考帽	蓝色代表冷静逻辑，负责控制各种思考帽的使用顺序，按规则管理整个思考过程，并负责作出结论。戴上蓝色思考帽，人们可以集中思考和再次集中思考，指出不合适的意见等	总结陈述，作出决策

6. 检核表法

检核表法就是采用一张一览表，对需要解决的问题逐条地进行核计，进而从各个角度诱导出多种创意设想的方法。人们创造出了多种检核表，其中最常用的就是由美国创造学家 A. F. 奥斯本首创的奥斯本检核表。

奥斯本检核表法就是以提问的方式，根据创造或解决问题的需要，列出一系列提纲式的提问进行强制性思考，形成检核表，然后对问题进行讨论，最终确定最优方案的方法。奥斯本检核表对照 9 个方面的问题进行思考，如下表所示：

表 2-3 奥斯本检核表法 9 大问题

序号	检核项目	说明
1	能否他用	是否还有其他用途？保持不变能否扩大用途？稍加改变有无其他用途？
2	能否借用	能否从别处得到启发？能否借用别处的经验和发明？过去有无类似的东西可供模仿？谁的东西可模仿？现有的发明能否吸引人到其他创造假设之中？
3	能否改变	能否作某些改变？改变一下会怎样？可改变一下形状、颜色、音响、味道吗？是否可能改变一下型号模具或运动形式？改变之后的效果会如何？
4	能否扩大	能否扩大适用范围？能否增加使用功能？能否添加零部件，延长使用寿命，增加长度、厚度、强度、速度、价值等？
5	能否缩小	能否使体积变小、长度变短、重量变轻、厚度变薄？能否拆分或者简化？能够浓缩化、省力化、便捷化？

(续表)

序号	检核项目	说明
6	能否替代	能否用其他材料、原件、方法、工艺、功能等来代替？
7	能否调整	能否变换排列顺序、位置、时间、速度、计划、型号？原件可否交换？
8	能否颠倒	能否正反颠倒、里外颠倒、目标手段颠倒等？
9	能否组合	能否进行原理组合、材料组合、部件组合、形状组合、功能组合、目的组合？

奥斯本检核表法的"三步走"实施步骤：

（1）第一步：根据创新对象明确需要解决的问题；

（2）第二步：参照上表中列出的问题，运用丰富的想象力，强制性地逐个核对讨论，写出新设想；

（3）第三步：对新设想进行筛选，将最有价值和创新性的设想筛选出来。

奥斯本检核表法的注意事项如下：

（1）对所列举的事项逐条核检，确保不遗漏；

（2）必须紧密联系实际，面对具体问题进行思考，还要搜集各种相关资料，做好充分准备，这样才能在它的引导下产生符合实际的新设想；

（3）奥斯本检核表法的每一个大问题都各具特色，也都具有一定的相对独立性，每个大问题都可以作为一种单独的创新技法运用；

（4）可根据需要进行多种变化。9大问题之间可以根据实际情况任意结合运用，从而相互补充，逐渐完善，为新设想的产生提供更宽阔的选择空间。

7. 组合创新法

组合创新法是指按照一定的技术原理，通过将两个或多个功能元素进行组合，形成一种具有新功能的新产品、新工艺、新材料、新技术的创新方法。

组合创新法具有以下特点：

（1）将多个特征组合在一起；

（2）组合在一起的特征相互支持、相互补充；

（3）组合后要产生新方法或达到新效果，有一定的飞跃；

（4）利用现成的技术成果，不需要建立高深的理论基础和开发专门的高级技术。

组合创新法包括主体附加法、异类组合法、同物自组法、重组组合法。

8. 逆向转换法

（1）原理逆向，从事物原理的相反方向进行思考；
（2）功能逆向，按事物或产品现有的功能进行相反的思考；
（3）过程逆向，就事物发展的过程进行逆向思考；
（4）因果逆向，使原因与结果互相反转，即由果到因进行思考；
（5）结构或位置逆向，从已有事物的结构和位置出发进行反向思考；
（6）观念逆向，一般情况下，观念不同，行为不同，收获就可能不同。

9. TRIZ 理论法

TRIZ 是"发明问题解决理论"俄文单词的首字母缩写，强调解决实际问题，实现发明的实际化，通过解决发明问题最终实现创新。

技术系统进化过程不是随机的，而是有客观规律可以遵循，这种规律在不同领域反复出现。现代 TRIZ 理论法的核心思想主要体现在以下三个方面：

（1）无论是简单的产品还是复杂的技术系统，都具有相应的客观进化规律和模式，解决本领域技术问题的最有效的原理与方法往往来自其他领域的科学知识；

（2）在解决发明问题的实践中，人们遇到的各种矛盾以及相应的解决方案总是重复出现，各种难题、矛盾和冲突的不断解决，是推动这种进化过程的动力；

（3）技术系统发展的理想状态是使用尽量少的资源实现尽量多的功能。

由于 TRIZ 的来源是对高水平发明专利的分析，因此，人们通常认为，TRIZ 更适用于解决技术领域的发明问题。目前，TRIZ 已逐渐由原来擅长的工程技术领域向自然科学、社会科学、管理科学、生物科学等多种领域逐渐渗透，尝试解决这些领域遇到的问题。

TRZI 解题的一般流程如下：首先，定义和描述具体问题，根据所选定的

TRZI 工具或工具组合，将具体问题标准化；其次，将标准化的问题抽象化；再次，寻找抽象化问题的解决方案；最后，将抽象化的解决方案根据具体问题转换为具体的解决方案。

 例分析

熊猫慢递：反逻辑的创意

现代社会，人们似乎总在追求越来越快、越来越高效的生活。比如快递，顾名思义，它的主要竞争点就在于"快"，比拼谁能在最短时间内将顾客委托的邮件准确送达目的地。但有一家以"慢递"为价值诉求的公司，反其道而行之，用情感价值替换了传统邮递服务中的效率价值，它就是"熊猫慢递"邮局。

2009 年年初，中国第一、世界唯一的熊猫慢递邮局在北京正式挂牌营业。它坐落在北京 798 艺术区的一条安静的街道上，门口的电线杆上挂着一个印有可爱熊猫的圆形灯箱，大老远就能把人们的眼球吸引过去。与普通邮局的喧嚣忙碌大相径庭，这里巨大的白色柜台、温暖的鹅黄色灯光以及轻柔悠扬的音乐，让一切都变得温馨而随意。柜台前，3 排各式搞怪的明信片可供客人选择，有些是空白的牛皮纸明信片，你可以随意在上面写写画画；有些是印着邮局 LOGO 的手绘明信片；还有些是拼图明信片，你可以写好文字后，将它们拆开装入信封。除此之外，一系列"文化"明信片也别有情趣，有的印着小时候考试的卷子；有的印着"好好吃饭，天天睡觉"等口号；还有的则标明"好老公（好老婆）证书"等。

"亲爱的宝贝，虽然你现在还在妈妈肚子里，但是你的到来使爸爸妈妈非常非常非常的幸福！我们希望你在妈妈肚子里的时候一定要吃得饱睡得好，长成一个健康的宝宝。明年的这个时候，让爸爸妈妈把你的小脸亲个够！爱你的爸爸妈妈。"这是一对年轻夫妇写给他们未降生的宝宝的信。装进信封，贴上邮票，这封信于 2010 年 7 月 8 日被准时投递到了小家伙的手中。这样一封爱

意浓浓的信，就是由熊猫慢递来完成投递的。

在这里，每封信都是保密的，如果不是寄信人自己提起，工作人员也无从知晓信的内容。但从信封上注明的信息来看，大部分人选择给未来1—2年的家人、好友或自己写信。

熊猫慢递的主要收入来源为邮件保管费，以及售卖明信片的收入。它帮客户保存信件的收费标准定为一年为99元，每增加一年，费用增加10元。可以说，利用人们普遍存在的隐性需求，熊猫慢递将消费者对于时间敏感的固有价值观进行了重新定位，找到了商机。

熊猫慢递的创意来自于一封在2008年8月寄出的明信片。当时在北京一家咨询公司工作的李轶娜并没有想到，自己去丽江旅游时，从四方街的一间"特别破的小邮电所"中寄出的明信片，同事们竟然在一个多月后才收到。突然看到同事们收到"已经被自己抛在脑后"的明信片，李轶娜感觉到了一阵惊喜，就好像重新找回了一段失去的时光。回忆之余，大家也不免调侃一下中国邮政的速度，"这哪是快递，分明是慢递嘛"。可是，他们同时又感叹："没有慢递，哪来的惊喜呢？"聊着聊着，有人突然冒出一个想法："要不然，我们就来开一个慢递公司？"这个创意，被这群人中的"老大"刘伟迅速抓住了。

于是，2008年的整个10月，这些分别毕业于财会、土木、法律、设计等专业的"70后""80后"聚集在一起，进行"疯狂的头脑风暴"。无论是在办公室、酒吧、出差的飞机上，还是在红绿灯下的汽车里，这个创意都会被他们拎出来反复讨论。他们运用理性思维，拿出数据和事实来证明、推断怎么做这件事？这事为什么可以做？光是选址就费了一番功夫。他们曾考虑过北京的几个著名的旅游区，如南锣鼓巷、什刹海、烟袋斜街。但由于慢递就像"一种行为艺术"，他们最终圈定了798艺术区。因为这里是年轻人聚集区，来逛的人大部分都比较喜欢有创意的东西。接下来是产品分析，什么产品和这些消费者对路？最终还是确定用原创的明信片为载体，来保留顾客的美好回忆。

在究竟选择哪种"足够慢"的动物来做慢递代言人的问题上，也曾经在团队内部引发争论。有人提议用蜗牛或乌龟，但其他人认为这两种动物"负面新闻太多，有误事的嫌疑"。猪八戒也被推上榜单，可是经过一番仔细的考证，有人提出："猪八戒是个神仙，跑得应该也不会太慢吧。"这个建议也只得作罢。直到熊猫被提名时，这个"代表中国"的形象，得到了所有人的认可。为了强调它的职业特征，设计师高呈昀特别将熊猫的头放大、肚子变胖、手脚缩短，一个憨憨的、看起来不太擅长运动的"胖墩儿"慢递员就这样问世了。

"在这个节奏快得让人眩晕的时代里，慢是件好事。"曾在北京市建筑设计研究院工作了5年的高呈昀从听说了"慢递"的那一刻起，就成为这个当时还不成熟的项目的合伙人之一。几个月后，她发现，正是这只熊猫帮助她，在专业之外第一次找到了"自己的事业"。

这个团队的大多数人，一年前也都是北京几百万上班族中最普通的一员，每天打卡上班，拿着一份不算丰厚的薪资，在朝九晚五的时间段里，过着满是框架、不得逾矩的生活。

2009年1月1日，当时命名为"邮政慢递"的小店，开始了试营业期，那时他们最好的打算就是能守住798艺术区这一家店。

很多人都有这样的体会，当想起家人或朋友的生日或重要纪念日时，却已是昨天、前天，甚至几个月前的事了。不是不愿意与亲朋好友沟通，而是每天要处理的事情太多。乐尚艺游推出的"熊猫慢递"就是看到了这个市场。他们鼓励消费者一次性把亲朋好友的生日或特殊纪念日都记录下来，然后在有空的一天来到熊猫慢递，为他们写下心中的祝福，并确定邮寄的时间。

熊猫慢递邮局的口号就是"写给未来的信"，抓住的正是人们内心最柔软的部分，即对情感的需求。

熊猫慢递提供和普通邮局相同的信件投递服务，唯一的区别是，投递的时间由寄信人自己决定，可以是一月后、一年后，也可以是十年后，甚至更久以后。为了保证每封"写给未来"的信不丢失，工作人员还要求寄信人同时填写投递失败后的寄还地址。即使这样，还是有客人担心时间越久，信丢失的风险越大。为此，熊猫慢递承诺会认真对待每一封信件，即使有一天这个店不存在了，也会兑现承诺，守护信任。在这里，每位寄信人的嘱托都会被登记造册，所有信件按照投递日期被分放在若干个标明月份的红色木箱里。而每天傍晚，"熊猫慢递"的投递员都会骑着自行车，将当天要发送的信件送到附近的邮局。

虽然熊猫慢递提供的服务有一定的市场，但要让现代的消费者们放弃早已习惯了的通过敲击键盘发送邮件的方式，亲自抽出时间购买礼物或写信，确实有点奢侈。那么，如何才能最大限度地激发消费者隐藏在内心深处的情感需求？为此，熊猫慢递特地聘请专业设计师为慢递业务设计个性化的明信片，已达500种左右，这些明信片最大的特点就是"主题"明确。在北京798艺术区的"熊猫慢递"旗舰店内，"最佳母亲奖状""年度最佳老公奖状""感谢信""道歉信"等个性明信片随处可见，甚至还有写给自己的鼓励书。此外，他们还准备了一些现成短语，供消费者表达情感时使用，消费者只需摘取寥寥几句，就能让这个已有的"半成品"得到情感的升华。另外，他们还给顾客提供留言本，装订成册，按照日期保存，便于顾客以后查找。

熊猫慢递的这些做法很好地契合了都市人的心理需求。人们寄信的动机可能不尽相同，有人为了祝福，有人为了宣泄。很多在生活中不便直接表达的情绪，通过拉长收信时间，可以有效缓解寄信人的尴尬和焦虑感，帮助寄信人减压。此外，如果将生命视为一趟旅程，那么每一天都值得享受。当你选择让亲友或自己等待一封未来将至的信，其实就是在有意识地放慢脚步，感受时间的传递与寄托。这个时候，建立信任是非常容易的，人与人之间的关系也因此变得单纯起来。

至今，熊猫慢递已吸引了不少顾客，也收获了很多感人的邮件。其中一封代为保管50年的邮件来自一位新婚小伙子，他为自己新婚的妻子写下了一封50年后的信，要寄给金婚时的妻子；还有一位已经被诊断出癌症的老先生为自己尚未出生的孙子写下自己的祝福；明星姚晨也在微博上公布了她在熊猫慢递投放的家信。其中，有一封"遥远"的信要存放到2046年。

熊猫慢递邮局经营模式看似简单，但要想复制并不容易，因为熊猫慢递不只是简单经营一项慢递业务，而是有相当程度的创意成分。良好的创意就意味着较高的经营门槛。

现在，熊猫慢递团队每天都在不停地思考。他们已经在北京王府井开了一家分店，还有不少人前来谈合作加盟。他们接下来的计划是进驻机场。人在旅途，更有一份想表达的心情，候机的时间正好适合给自己的未来写封信。他们还准备开展一项新业务——把信件存放在银行的保险箱中，以更好地保证信件的安全。他们认为，平时人们把贵重的东西放在保险柜里，而记忆是比任何金钱都宝贵的财富。在未来的计划中，熊猫慢递还准备建一个心灵档案馆。一些商场和银行也看中了熊猫慢递的明信片，主动上门希望可以提供打包服务，为企业客户在一些特殊的日子寄出明信片以传情达意，在给客户带来惊喜和浪漫的同时也为自己做了宣传。

创业者要有创新思维

创新与创业是相互作用的，创新性的产品和服务落地后变成创业项目，而创业项目的产生往往都是创新驱动的结果，即使在传统行业也不例外。以传统的餐饮业为例，新生代餐饮模式让这个所谓的传统行业也开始焕发出时代的生机。雕爷孟醒的"雕爷牛"打破了传统餐饮的模式，中少量的菜品也产生出高翻台率，而杭帮菜"外婆家""绿茶"等也走出了现代商业餐饮独具个性的卖点，餐饮中细分出来的儿童配餐、孕产妇配餐等也在市场中占据一席之地。

创业者的创新思维可能是技术的创新、产品的创新、盈利模式的创新、管理模式的创新等多种方面。熊猫慢递就是运用逆向思维，实现产品创新的典型模式，将创意转化为市场价值，实现商业化的运营。

创新思维的重要性不言而喻，也是创业者梦寐以求的，可是创新思维从哪里来？创新思维是否可以通过训练激发出来？这样的困惑始终困扰着青年创业者。在多年的创新创业教育实践中，我们将关注前沿、深度挖掘和配置资源作为创新思维训练的突破口。

（1）关注前沿。创新思维从来都不是无本之木、无源之水。科学的创造性也许还会有灵光一现的偶然，但是商业的创造性，更多的是在对行业充分了解的基础上，对已有的各种资源的创新性配置。例如：一种产品或者服务，从一线城市移植到二线城市，可能就会产生资源的辐射效应，利用消费者独特的群体性诉求和社会群体心理，实现小众化的效应；一种技术或者产品，从高端人群到普通人群，可能就会带来资源产出边际效用增加的效果。对前沿或者新生事物的关注，往往意味着一种新的产品或者服务的诞生。关注前沿，并将其技术或者产品移植，就可以衍生出许多新的商业机会。

（2）深度挖掘。创新思维固然带有与众不同的特点，但是，创意或者创新的产生往往离不开对某一领域或者社会需求的深度挖掘。从经济学的基本理论来看，生产决定消费，消费带动生产。创新决定了人们能否消费一种新的产品或者服务，通过对差异化消费需求进行深度开发，就可能会衍生出一个新的行业或者产业。如果没有洗衣机，人们就无法从人力劳动中解脱出来；如果没有互联网，人们就无法享受人与人之间沟通的便捷与顺畅。在餐饮行业，由于对就餐环境、食材、烹饪方法、饮食文化等不同层次的差异化需求，使得该行业呈现出多样的业态。

（3）配置资源。对于资源配置方法的创新和变更，促产生许多商业机会。例如，为了满足公众出行的需求，在公共交通服务供给量有限的情况下，出现了大量的私家车，这时通过移动互联网大数据和精准的定位系统，可以让人们的出行变得更便捷，于是类似"滴滴出行"等网约车软件应运而生。在网约车软件的合法性受到质疑的同时，支持者更多的是从其优化资源配置、提高城市出行效率的角度出发对其表示大力支持。

（资料来源：宋君玲主编：《大学生创业案例评析》，广东高等教育出版社2018年版）

小结

通过本章的学习，我们系统了解了创新的类型、训练了创新思维、学习了创新方法。创新是创业的基础，创业是一种创新型实践活动。创业者只有在创业过程中具有创新思维，掌握创新方法，才能产生新的富有创意的想法和方案，才能找到新市场、新方向、新模式，最终获得创业的成功。社会创新发展是历史的必然，创业者只有拥有独立、灵活的创新思维方式，运用新时代的创业方式，才能超越前人。

1. 如果有一间10平方米的房间，关上门后房间内时间停止，你可以利用其进行哪些商业行为？
2. 互联网时代与老年经济碰撞，你认为有哪些商业机会？
3. 请列举生活中有哪些不便利，可以通过什么方法改进？

第三章 心系天下——企业家精神

《周易·系辞下》说："何以聚人？曰财。"意思是说，要用财富把老百姓凝聚在一起。这里，"财富"是"手段"，把老百姓凝聚在一起是"目的"。孔子说："富与贵，人之所欲也，不以其道得之，不处也。"财要"取之有道"，不能"见利忘义"。

学习目标

理解企业家精神的定义、要素及类型，了解企业家精神的历史由来，并分析企业家精神所处的各种环境，明确企业家精神对于国家发展、社会进步、个体提升以及文化传承的重要意义，有意识地提升个人创新意识及创新能力。同时，通过案例分析，对于各知识点有进一步的认识和理解。

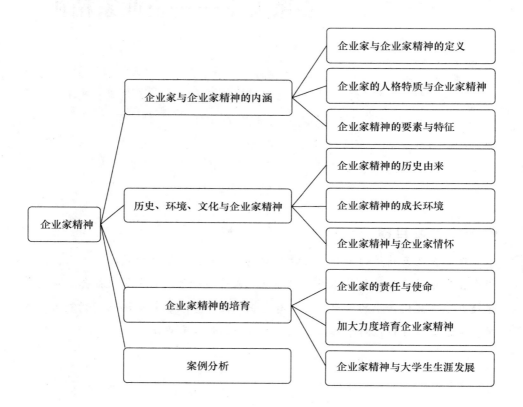

第三章 心系天下——企业家精神

课程导入 ▶ 中国企业家们谈企业家精神

马云（阿里巴巴集团、淘宝网、支付宝创始人，阿里巴巴集团董事局前主席，中国IT企业代表性人物，中国慷慨的慈善家）：当今，各国最大的问题都是经济问题，而经济问题的第一担当者、第一责任人是企业家群体，我们必须要有这份担当，必须要学习。希望媒体不要评比"首富"头衔，我最怕看到谁是首富，这样的财富评比给中国社会带来的影响并不好。我们不应该仅仅关注一个人的财富值，"首富"应该是"首负"，负责任的"负"。

雷军（小米科技创始人、董事长，欢聚时代董事长，金山软件股份有限公司董事长，顺为基金董事长。中国互联网界风云人物，《时代周刊》称其为"中国手机之王"）：企业家除了要将自身企业做好，推动行业进步外，还需要承担一定的公共责任。雷军从2013年开始担任全国人大代表，准备在5年任期内，推动《中华人民共和国公司法》的改进和完善。

王石（万科集团创始人，壹基金执委会主席，中国登顶珠峰年龄记录保持者，有《成功是和自己的较量》《灵魂的台阶》等代表作品）：企业家精神一定包含对社会的某种担当、承担。既然是担当、承担，就要承受一般人想象不到的东西。企业家要有这种承受力和自制力，但更可贵的是要有一种破坏性的创造。

王健林（万达集团创始人、董事长，三年内两次荣登"胡润房地产富豪榜"榜首，更是以集团形式捐款超过28亿元的慈善家，在2015年《福布斯》全球最具影响力人物排行榜中居第68位）：在中国企业家"走进校园之创业故事汇"首期活动中，王健林鼓励年轻人创业，并就自己的创业经验阐述了对企业家精神的理解。在他看来，企业家精神是多方面的，最核心的是创造力、坚持和责任。

课程导入

刘积仁（教授，博士生导师，中国培养的第一位计算机应用专业博士。曾赴美国国家标准局计算机研究院计算机系统国家实验室留学，后创办了东软集团）：做商业、做企业，首先要有社会价值观，本质上这是商业的大逻辑。当你对社会没有价值时，社会一定会抛弃你。所以你做的事情一定要和社会有共同方向，紧跟着民生和整个社会变化的趋势。只要跟社会同步，就会获得商业的利益，这也为今后的持续性发展打下一个好基础。

许小年（知名经济学家，中欧国际工商学院经济学和金融学教授，曾任美林证券亚太高级经济学家，世界银行顾问，曾获中国经济学界最高奖"孙冶方经济科学奖"）：德国缺少创新企业家，但有非常优秀的工业家，他们可以把汽车、设备、化工产品做到世界第一，但缺乏美国硅谷那样的创新企业家，这和文化、历史分不开。德国那么多优秀中小企业手里都有独特技术，在上百年的市场竞争中屹立不倒，就那么一个小铺子，专心致志走下去，在一项技术上做到世界领先，这样的精神是中国企业家缺乏的。中国企业家一说就是做大做强，把大放在强前面，实际上强是一个陪衬，都想着大，没人专心一意做强。

一、企业家与企业家精神的内涵

中国企业家队伍相对来讲是薄弱的，同样，企业家精神也是相对缺乏的，这是一个深层次的历史问题，也是一个社会转型时期突出的现实问题。当然，随着经济全球化的逐步深入，中国经济面临的挑战已经日渐彰显。在经济发展的过程中，中国可以明显感受到来自国际强势主流文化的压力，而这种强势的主流文化往往是由其优秀企业家及其精神所承载的。在由中国制造向中国创造不断发展的今天，我们的民族工业需要再次腾飞，我们的民族企业家精神需要进一步彰显，我们的民族精神也需要再次凝聚升华。

1. 企业家与企业家精神的定义

若要阐述什么是企业家、企业家精神，就要从基础概念出发，先来看看什么是企业。

企业一般是指以营利为目的，运用各种生产要素（土地、劳动力、资本、技术和企业家才能等），向市场提供商品或服务，实行自主经营、自负盈亏、独立核算的法人或其他社会经济组织。现代汉语中，"企业"一词源自日语。与其他一些社会科学领域常用的基本词汇一样，它是在日本明治维新后大规模引进西方文化与制度的过程中翻译而来的汉字词汇，戊戌变法之后，这些汉字词汇又被大量引进现代汉语。①

"企业家"这个词是源于16世纪出现在法语中的"entrepreneur"，当时是指冒险，专门指被称为远征军的那些人，后来被经济学家引用到经济学领域，把那些敢于承担不确定风险的经营者叫做企业家。18世纪，爱尔兰经济学家理查德·坎蒂隆在《商业性质概论》一书中把"按照固定价格购买和按照不确定价格出售"的风险承担者称为企业家，这也是对企业家这一概念的首次界定。随后，历经不同的历史阶段，学者们对于企业家的含义有了不同的认识，不同学科对企业家概念的内涵也有不同的界定。即使在经济学界，因研究视角和出发点不一样，解释也不尽相同，如下表所示：

表3-1　企业家概述

企业家含义	主要观点	主要学派或代表人物
企业家是简单生产要素	企业家与资本、劳动、土地等生产要素一样，是第四种生产要素	新古典经济学理论（如马歇尔）
企业家是冒险家	不承担风险不能称为企业家，企业家是克服不确定性的冒险家	马歇尔、奈特
企业家是创新者	企业家是市场均衡的创造性"破坏博者"，是实现要素重新组合的人	熊彼特
企业家是经营管理者	企业家是企业经济管理的专家，配置资源使得企业形成生产能力	萨伊、科斯

---

① 参见郑东升：《浅谈企业文化与企业文化建设》，载《大众科技》2005年第12期。

（续表）

企业家含义	主要观点	主要学派或代表人物
企业家是提高企业效率的组织者	企业家是克服X低效率的企业组织者	莱宾斯坦
企业家是资产所有者与经营者	企业家是资产所有者兼经营者，即所有者型资本家	马克思、张维迎
企业家是套利者，是创造价值的人	企业家是通过恢复市场均衡而获利，发现并抓住机会的套利者；企业家应具有合作精神	哈耶克、柯兹纳
企业家是企业决策者	企业家是专门就稀缺资源的配置作出判断性决策的人	卡森、德鲁克
企业家是高级的异质性人力资本	企业家不是一个固定职业，是企业经营管理者群体；企业家人力资本具有异质性（获利能力递增）	舒尔茨

企业家精神则是企业家特殊技能（包括精神和技巧）的集合，或者说，"企业家精神"指企业家组织建立和经营管理企业的综合才能的表述方式，它是一种重要且特殊的无形生产要素。

当下很多全球生意都来源于车库生意（garage business），如惠普、迪士尼、苹果、亚马逊、谷歌，车库里的梦想、激情、创造力和改变世界的勇气，最终成为最强大的社会资本。伟大公司的引擎是企业家精神。[1]

企业家精神对于企业的发展与成功是至关重要的，彼得·德鲁克认为，企业家精神中最主要的是创新，他进而把企业家的领导能力与管理等同起来，认为"企业管理的核心内容，是企业家在经济上的冒险行为，企业就是企业家工作的组织"。[2] 可见，企业家及企业家精神在经济领域有着非常重要的地位，但是由于历史原因，对企业家和企业家精神的研究以及理论的发展不是一帆风顺的。从"企业家"这个名词的诞生，到企业家在经济实践中地位的确立；从经济学理论中偶尔对企业家的提及，到系统的企业家理论的形成，企业家和企业家理论经历了几个世纪的风雨。

---

[1] 参见秦朔：《致上海——你将沦为环杭州城市，还是勇当众城之神？》，载财经风象网，2020年1月2日访问。

[2] 转引自刘胜军：《什么是企业家精神？看李书福就够了》，载金融界网，2020年5月20日访问。

2. 企业家的人格特质与企业家精神

由前文可以看出，企业家自身是有着独特的气质的，即企业家人格特质。下面先做个小小的测试，看看我们自己的人格特质是怎样的。

训练项目：人格特质测试游戏。这个测试游戏是通过测试人格特质的 18 个问题，了解个人意识的世界。请据实回答以下 18 个问题，依题号把圈选的答案换成对应的符号，再将每一种符号的总数加起来，看哪一种符号最多。

（1）如果你是只鸟，会是：

▲——老鹰　●——海鸥　■——猫头鹰　✕——蜂鸟

（2）如果你是点心，会是：

■——苹果派　●——巧克力慕思　✕——水果色拉　▲——白兰地烧香蕉

（3）如果你是花，会是：

▲——玫瑰　■——郁金香　✕——白色小雏菊　●——虞美人

（4）如果你是一种颜色，会是：

▲——红色　●——蓝色　■——绿色　✕——黄色

（5）如果你是一个城市，会是：

▲——纽约　✕——威尼斯　■——维也纳　●——魁北克

（6）如果你是一棵树，会是：

■——橡树　●——银柳　✕——棕榈树　▲——巨杉

（7）如果你是一块石头，会是：

▲——钻石　■——祖母绿　●——珍珠　✕——蓝宝石

（8）如果你是乐器，会是：

✕——笛子　▲——喇叭　●——吉他　■——钢琴

（9）如果你是一种饮料，会是：

■——葡萄酒　▲——香槟　✕——威士忌　●——牛奶

（10）如果你是一种哺乳动物，会是：

▲——狮子　■——大象　●——猫　✕——狐狸

（11）如果你是一种元素，会是：

▲——火 ■——土 ●——水 ✕——空气

（12）如果你是节庆，会是：

●——圣诞节 ▲——新年 ■——情人节 ✕——国庆节

（13）如果你是一种品牌，会是：

■——CHANEL ▲——DIOR ✕——KENZO ●——GUCCI

（14）如果你是传奇故事的主角，会是：

■——希腊神话中的带翼狮身女怪 ✕——独角兽
●——美人鱼 ▲——吸血鬼

（15）如果你是一种水果，会是：

■——李子 ▲——橘子 ●——椰子 ✕——桃子

（16）如果你是一张卡片，会是：

▲——信用卡 ■——身份证 ●——扑克牌 ✕——地图

（17）如果你是布料，会是：

■——亚麻 ●——棉布 ▲——绒布 ✕——丝

（18）如果你是犯案的武器，会是：

●——毒药 ✕——剑 ▲——匕首 ■——手枪

答案统计：

■（　　）●（　　）✕（　　）▲（　　）

【测试分析】

●占大多数的人：

你是个创意十足，又爱做梦的人。亲切、敏感的你，不爱与人争执。平和而安全的环境，有助于你的自我发展。平时，你喜欢沉浸于自己内心的世界，常做白日梦。创意十足的你，在工作需要时，可以排除万难，全心投入，直到完成计划。你是个十足的浪漫主义者。面对感情，付出一切都在所不惜。

▲占大多数的人：

你是个正直而热情的人。雄心勃勃，意志坚强的你，拒绝做泛泛之辈。成功的经验，有助于你的自我成长。过人的勇气，养成你不畏艰难的本性，遇事不达目标绝不中止。对未来，你总是持乐观态度，最爱听别人的赞语。但面对批评时，骄傲的本性就展露无遗，只是如果所言属实，还是会自我反省。

■占大多数的人：

你是个稳重而追求感官享乐的人。简单、沉稳的个性，足以让你快乐地过日子，将一些形式上的问题抛诸脑后。抱持享乐主义的你，认为身强体健就是喜乐的泉源。由于个性腼腆，你不容易向他人吐心事，认为"求人不如求己"。为了追求成功，你宁愿多花时间在工作上，也不愿多经营人际关系。对忠诚的要求很高。

×占大多数的人：

你是个喜欢冒险，酷爱自由的人。想象力丰富的你，个性独立，不大在乎别人对你的观点。特别厌恶陈旧的观念及外来的束缚。不断冒险、接受未知的挑战，有助于你的成长。物质生活对你来说，不算最重要，你注重的是精神及艺术生活的充实。

完成上面的测试游戏后，想必同学们对于个人的人格特质有了一定的初步认识，接下来，我们来看一下企业家的人格特质是怎样的。熊彼特曾说：这些经济圣贤身上蕴含着一些非凡的人格特质，正是这些人格特质造就了企业家。通过对众多企业家进行分析得出，绝大多数企业家的人格特质可以概括为"三心二意"：

三心之一——出色的企业家要有雄心：企业家的雄心有两个来源，一个是物质层面对于利润的渴望；另一个就是精神层面，也是他有别于商人的地方，即自我精神激励，这种激励来自于发现一个私人商业王国的愿望，来自于享受、创造和发挥自己才能带来的快乐。

三心之二——优秀的企业家要有良心：良心来自于企业家的责任感，不会为了一己之私而损害他人乃至社会和国家的利益，不仅如此，有良心的企业家还会尽己所能为员工谋福利，时刻兼顾消费者利益，并且遵纪守法，维护公德，保护环境。

三心之三——大气的企业家要有善心：感恩与奉献也是源自这些企业家的社会责任感，正如人类个体不能脱离社会群体，一个企业的发展也离不开社会和国家的大力支持，所以现在越来越多的企业家与国家同呼吸共命运，不仅设立基金、在高校设置奖助学金，而且国家有难时，能够多方支援，真正做到取之于社会，用之于社会。

两意之一——机智的企业家有敏锐的意识：世上高智商、高情商的人何其多，但是能成为企业家的却是凤毛麟角，关键在于有敏锐的意识，对于机遇的捕捉，对于风险的预判，能够趋利避害，审时度势，拥有敏锐的意识和高瞻远瞩的格局，能想常人之不敢想，做常人来不及做的或者看不到的前瞻之事。

两意之二——坚定的企业家有顽强的意志：正如前面章节讲到的创新者要有创新意志，企业家也是企业的创新者，同样也会面临很多困难、挫折。熊彼特说过：企业家们就是愿意对极小的行动付出庞大精神和努力，他们就是要在战胜困难过程中展现出自己出类拔萃的意志，正是这种人格特质造就了他们永不言败、一往无前的气概。

企业家人格特质中的创新和进取都会正向促进企业家精神的凝聚和作用在企业发展中。

3. 企业家精神的要素与特征

企业家精神是企业家这个特殊群体所具有的共同特征，是他们所具有的独特的个人素质、价值取向以及思维模式的抽象表达，是对企业家理性和非理性逻辑结构的一种超越、升华。企业家群体独有的显著的精神特征就和其他群体特征区别开来，人们日常也把它看作成功的企业家个人内在的经营意识、理念、胆魄和魅力，并以此为标尺识别、挑选和任用企业家。那么，我们来看看到底企业家精神是由哪些具体要素构成的？

（1）工匠精神

一直坚守实业的TCL集团董事长、CEO李东生在接受搜狐科技采访时曾说：企业家精神是多个维度的，一定要有工匠精神。过去几年实体经济特别是制造业面临的压力较大，因为制造业的投资回报率相对低一些，所以外部资本的进入意愿并不强烈。但实业是中国经济的支柱，实体经济是中国经济竞争力的基础，如果没有实体经济，服务业的发展也会受到很大的制约。尤其中国是14亿人口的大国，面临西方一些发达国家，包括美国、欧洲国家等过早地退出制造业，现在需要呼吁大国制造业回归。这说明在整个经济结构当中，实体经济特别是制造业要有合理的重要的位置。只有当"工匠精神"融入生产、设计、经营的每一个环节，实现由"重量"到"重质"的突围，中国制造才能赢得未来，可见工匠精神能够助力中国工业能力的提升，也是对中国制造业、中国工业的期许。

（2）开拓进取精神

一个企业经营者，要想获得成功，成为一名杰出的企业家，必须要有开拓进取精神。对一个企业和企业家来说，不敢开拓进取才是最大的风险。企业家开拓进取的精神主要表现在：

① 企业战略的制定与实施；

② 企业生产能力的扩张或缩小；

③ 新技术的开发与运用；

④ 新市场的开辟和发展；

⑤ 生产品种的增加或淘汰；

⑥ 产品价格的提高或降低。

马克思曾说：资本家是资本的化身，他有永不满足的扩张冲动。当然，企业家并不是资本家，资本家强调的是资本的增值，长期以来是剥削的代名词，但这种扩张的精神是无论资本家还是企业家都不可或缺的。可以说，企业家开拓进取的精神造就了今天美国的繁荣，推动今天世界历史的发展。谈到二战后的德国，我国学者张维迎和盛斌无不感慨地说："那时德国失去了一切，缺乏一切。""但却拥有一种非常宝贵的社会财富，即企业家。"联邦德国这批富有经验的企业家被推上了历史舞台，发挥了自己的创造性才能，以极大的热情整顿了被战争破坏的工厂、商店，点燃了许多熄灭于炮火中的高炉，为重建新的工业结构提供资金，把联邦德国的资本主义商品经济送上轨道并快速发展起来。

（3）创新精神

企业家是一个创新的群体，他们非常明白：创新是迈向财富的另一条捷径，因为自己面对的永远是一群非常挑剔的对美好生活的需求日益增长、永不满足的客户群，所以对企业家来说，创新是为了利润，更是为了快乐。创新造就了产业的兴盛，发明家基于科学家的原理发明了新事物、新技术，而企业家则使之产业化。比如，电灯、电话、汽车、飞机、电脑无不是创新的结果。工业革命中的企业家是创新者，现在高新技术企业，依靠的也是创新者。

历史上有诺贝尔、爱迪生，现代有史蒂夫·乔布斯和比尔·盖茨，他们都是由创新者、发明家发展成企业家的代表，所以，创新铸就了企业家的灵魂。还有一点非常重要，企业家不仅要自己有创新的能力，包括技术创新、管理创新和体制创新的能力，而且要有把自己所领导的组织变成一个创新组织的能力。

（4）合作契约精神

在今天，企业有两个功能更为突显，对内表现为学习的功能，不断学习，分享知识，增强认识世界和改造世界的能力；对外表现为合作的功能，整合资源，取长补短，共同实现各自的目标。合作需要胸怀，合作需要规则。

这里的合作，更多的是指企业家的宽容精神，企业家应该具有宽容心，愿意与人友好相处，愿意与他人合作。主要体现在：

① 尊重同行和下属；

② 尊重人才；

③ 善于使用人才，敢于起用人才；

④ 虚怀若谷，善于听取别人的意见，尤其是批评自己的意见；

⑤ 发扬民主精神，避免独断专行。

"规则"的背后是契约，一个成功的企业家，会通过制度创新并严守公平，他不但要在自己的企业组织内通过弘扬契约精神，订立规章制度，创造公平的环境氛围，还要努力为构建公平的社会商业制度而奋斗。随着人类历史的发展，社会法治建设不断进步，一种好的社会契约制度体系，不仅会保障企业家合理合法经营，甚至会创造一个成功的企业和企业家。随着契约制度的发展，不但给社会提供了商品交易的公平保障，更重要的是提供了创业机会的公平保障。所以，一个具有契约精神的企业家，一定会为建设一个合理的契约制度而努力，同时也会善于利用契约制度体系来发展自己。

（5）诚信精神

孔子说"民无信无以立"，韩非子说"巧诈不如拙诚"，管子说"诚信者，天下之结也"，都极言诚信之要。何谓诚信？诚，指真实无妄的道德品质；信，指信守诺言的可靠作为。"诚信"，意味着内外兼修，言行一致，知行合一。

诚信本来就是经济活动中的第一原则。对于企业家而言，不仅要求自身遵循诚信这一做人做事准则，更重要的是要带好一批人，要有把自己的团队组织建设成一个诚实守信的道德组织的能力。

学做生意，要先学做人，没有良好的道德素质，不能很好地做人，也不能建设好一个企业，所以企业家应该以身作则。凡成功的企业，无一例外都有着良好的商誉和口碑，诚信是企业家最大的无形资产。

激发和培育企业家的诚信精神，首先要靠企业家的自我约束。真正的企业家，不仅要在经济发展上追赶超越，也要在精神文化上有所坚守。道不可坐论，德不尚空谈。企业家们都应积极行动起来，校准价值坐标，正身行事，律己服人。其次还要靠制度的刚性保障。制度比人强。当前，我们要不断创新，综合施策，将诚信之网越织越密、越织越牢，营造"守信者一路畅通，失信者寸步难行"的制度环境，让诚信成为诚信者的通行证。

（6）敬业精神

对于企业家来说，往往心态决定成败，所以作为一个优秀的企业家还要有一个良好的精神境界。的确，企业家要为企业谋求利润，就是要赚钱，但是，一个产业一种新技术的发展，更需要的是安贫乐道的精神，这里的"道"就是在追求和崇敬自己事业的同时，更要关注对社会的贡献，企业家应该具备这种境界。实际上，只要具备这种境界，回报也就自然而来。

敬业精神就是献身精神，正因为有了这个出发点，企业家才能有胆有识。一个成功的企业家往往首先想的是他要做的事情能不能做成，能不能奉献给社会。这种精神提供的无私的动力使他们无所畏惧，勇于开拓进取。其实，敬业精神，更重要的是指面对自己的事业有一种入迷和执着的心态。具备这种心态的企业家，往往会把自己的生命融入事业中去，具有这种境界的人，对于自己的事业,往往是怀着朝圣者的心情和顶礼膜拜的态度,这种心态所形成的敬业精神超越了献身精神。

(7) 奉献精神

在资本主义发展过程中,对于早期的企业家和资本家,人们往往很难对他们作出区分,而作为资本家,他们的贪婪则不仅仅是无产阶级批判的理由,似乎在那个历史时期,这是人们一致的看法。可是,在历史长河流淌的不知不觉之间,人们突然发现,有那么一批资本家不再那么残酷和贪婪了,不再那么血腥地剥削工人了,甚至社会上的慈善家队伍多半由他们所组成。在他们的心目中,希望自己的后代也能像自己一样靠事业心和勤劳把家族的财富继承和发扬下去,而不想看到他们坐吃山空,碌碌无为。

如果说,有一些富人,有一些企业家之所以奉献,是因为对于自己和家族的未来有一些私心考虑,那么另外一些企业家的无私奉献则不得不令人肃然起敬。以中国航发南方工业有限公司为例,大家都清楚做航空发动机很不容易,一些大型号发动机也许花费二三十年都难以完成研制。设计、制造、试验,周而复始,没有强烈的责任感、使命感,是不可能从事这项事业的。32年前,刚刚大学毕业的彭建武,满怀航天报国的理想,投入"做强航空动力"这份光荣而艰辛的事业。从车间工艺员干起,一步步成长为企业领导者,他始终不忘初心——"满足国家需要"。正是这份奉献精神,再加上几代人的辛勤努力,才有了中国航发脱离中航工业"单飞",全力聚焦航空发动机主业发展。可见,他们用责任和奉献精神打造了强劲的"中国心"。

时代需要创新、坚忍不拔、奉献的企业家精神,每个企业家,只有向着这些精神不断努力,才能让"中国制造"在激烈竞争和转型压力中奋进,出现更多的工匠精神和"中国智造"。

(8) 民族精神

除了上面所说的多种精神和素质外,企业家还应有民族精神,要有民族文化修养。民族精神是企业家生生不息的智慧源泉,而这样一种民族精神往往体现在企业家的爱国主义情怀中。

现在有些企业经营者对民族文化采取不认同的态度,他们简单地迷信西方管理模式。实际上,搞好一个企业,必须充分认知自己民族的文化。任何外来的模式都只有借鉴的意义。企业家只能以自己民族的方式来管理员工和企业,中国的企业必须先符合中国的"水土",更何况很多外国企业也重视文化融合,雇用大量中国员工,同时要求企业尽量本土化,做到入乡随俗,这也给我们中国企业和中国企业家一个重要的提示。我们中国企业要以民族文化为荣,以民族精神为骄傲。

二、历史、环境、文化与企业家精神

上一章节,我们学习理解企业家精神,更多的是从理性角度,从理论研究方面做的静态的研究学习,但是,当与这些优秀企业家面对面交流座谈时,当具体考察和研究企业家精神时,我们发现必须要回到历史中,走进大环境里,品味企业家精神所处的文化氛围,只有这样才能真正理解和认识企业家精神的深刻内涵。

1. 企业家精神的历史由来

人类大约有250万年的历史,但作为现代人,大概有20多万年历史,在20多万年以前,现代人出现在了非洲。大致在10万年前,最晚应该在7万年前他们走出非洲,向各地扩散。在6万年前的时候,他们已经到达澳大利亚,到达中国的时间可能在4万到6万年前。后来,他们到了欧洲,越过海峡来到北美,然后顺着北美南下到南美。在一万多年前的时候,人类已经居住在了所有至今地球上适合人类居住的地方。但从此之后,发生了一些重要的事情,如冰川的融化,使整个世界被分割成三个大的区域,即亚欧非区域、美洲区域和澳洲区域。在近一万多年的时间里,这三个区域的人相互间是没有来往的,但是到了500多年前的时候,哥伦布来到了新大陆,由此这三个世界才重新开始联系,这就是我们今天的全球化时代。

特别是在约200年前的时候，人类从农业社会走向工业社会，今天我们将其称为信息社会。在这约200年的发展过程当中，我们人类的发展已经不能用"飞速"来形容了。

那么，试想一下10万年前我们现代人的祖先智人走出非洲的时候凭借的是什么精神？谁愿意走出非洲去那个没有去过的世界？答案就是他们都是有企业家精神的人。

考察历史，一方面我们会惊诧于古人曾经达到的商业高度，另一方面也不禁反问，这些古代商业文明为何逐步湮灭？这就必须解释企业家精神的不同定义，生产性的企业家精神通过创新与进步带来财富，非生产性的企业家精神主要聚焦于再分配领域，在古代往往以掠夺以及战争等方式存在。也正因为如此，企业家精神有时候会带来增长，有时候则会破坏繁荣，即企业家精神事实上可以为善，也可以为恶，可以说，企业家是商业英雄、贪婪掠夺者甚至破坏社会秩序的败类多种形象的混合。美国经济学家、历史学家道格拉斯·诺斯曾说：制度安排在决定收益结构中起着重要作用，而所谓收益结构就是不同社会活动的相对报酬，如果生产性活动有益，那么企业家精神也会倾向于生产，带来资本的流入以及生产性活动的放大，进而带动经济繁荣以及社会进步；反之则可能将各种人力与生产资源集中于非生产性领域，这可能带来收入向金字塔尖人群集中，加剧贫富分化，导致滋生越来越强大的利润集团，甚至社会溃败。

在中国历史上，因为"士农工商"的社会序列中，企业家位于末流，其企业家身份往往也寄托了商而优则学的期待，这导致中国古代虽然有诸多发明，却始终走不出马尔萨斯陷阱。美国学者费正清在《美国与中国》一书中说："中国商人具有一种与西方企业家完全不同的想法：中国的传统不是制造一个更好的捕鼠器，而是从官方取得捕鼠的特权。"

人类在近代才开始真正发挥企业家精神，西方国家较早，约两三百年前，中国则是在改革开放即当代才有中国企业家精神的崛起。

2. 企业家精神的成长环境

企业家精神作为一种关键性的生产要素，它的形成必定与一定的社会环境有着密切的联系。Fischer、Diez 和 Snickars 三位学者认为，尽管企业家精神发挥作用的主要载体是单个公司，但技术革新引发的一系列公司、组织和机构之间的复杂交互网络关系也是其中的重要组成部分。因此，Luc Bemier 说："企业家精神与环境之间必然存在一种互动关系"。正如 Alfred Marshau 所说：社会环境通过对企业家活动的影响使企业家精神从产生到活跃也深刻影响着企业家精神的特点；不过，企业家不会完全被动地去迎合环境，而是通过发挥主观能动性来影响和选择环境；受一定自然条件、技术、政策以及规模报酬等因素的影响，企业家精神集聚对经济增长也发挥了重要作用。

那么，对于企业家精神健康成长至关重要的环境有哪些？其实，营造企业家和企业家精神健康成长的环境可以从法治环境、市场环境、社会环境三个方面入手。

其一，法治环境是整个社会的基础性土壤环境，其中包含的主要方面就是社会的法治秩序、社会的发展，是各种经济关系总合的有序推进，而各种经济关系的总合，又总是处在不断变化之中，这种无时不在的变化，正是经济社会的活力所在，也正是因为有了这种无时不在的源动性变化，才使经济社会的进步成为现实的可能。企业家精神要健康成长，就必然需要社会营造一个良好有序的法治环境。

其二，市场环境其实就是法治环境的具体延伸，有什么样的法治环境，就会产生什么样的与之相对应的市场环境。从更高的层面来说，市场经济必然也是法治经济，因为法治是保障社会公平的基石，而企业家在成长过程中或在各种经济活动中，由其是在最大效能地发挥主观能动性和深化创新方面，必然会遇到前所未有的新问题或是某种非典型纠纷，那么，要及时并有效地伸张企业家的合法权益或将纠纷降到最低限度，并同时保障所有各方的合法利益，就必须依赖于健康市场环境的形成。

其三，社会环境是企业家成长的空气，在一个宽松的社会氛围中，企业家只要依法经营，那么所有地方都会是企业家驰骋的疆场。尤其是在一个弘扬创新的时代，企业家每一次创新都是一次可贵的探索。但创新，没有天然的成功，它必然会伴随着一些不确定性，而即使是失败，那也是对社会巨大的贡献，因为后面的创新者会借前车之鉴，排除不必要的牺牲，采取高效务实的措施。因而，良好宽松的社会氛围，就是新时代企业家们勇于创新所需要的空气。①

3. 企业家精神与企业家情怀

阅读思考：书香世家　钟情传统文化

泰禾集团董事长黄其森，15 岁上大学，工民建专业本科毕业，是地产界少有的科班出身的掌门人。父亲是语文教师，言传身教，使他耳濡目染，从小就对中国文化情有独钟。闲暇时读中华传统文化典籍，成为他大学生活不可或缺的一部分，并一直延续至今。

黄其森的家乡，是拥有 2200 多年历史的文化名城福州。城中的三坊七巷，人杰地灵，是福州的历史之源、文化之根，被誉为"中国城市里坊制度活化石"和"中国明清建筑博物馆"。正是这里，滋养着黄其森浓厚的中华传统文化情结，他立志将家乡三坊七巷的建筑文化精髓注入泰禾的产品中。

十多年前，泰禾选址北京运河畔，执着造院。如今，在北京，有运河岸上的院子、北京院子、泰禾一号院，在江南，有江阴院子，在福建，有厦门院子、福州院子。从北到南，遍地开花，蔚然形成泰禾中国院落别墅版图。黄其森实践着自己的院落别墅梦想，从别墅到洋房，从城市综合体到酒店，11 城 40 多个经典项目，泰禾让自信的中国文化生生不息。自 2012 年当选为全国政协委员以来，黄其森每年出席"两会"，必定以各种方式建言呼吁房地产业扭转建筑西化的崇洋风气，复兴新中式文化建筑。黄其森直言："如果遍地罗马小镇、托斯卡纳、加州水岸，到哪里去找中国人自己的乡愁呢？睡在罗马小镇，如何做出美妙的中国梦？"

"文化上的疲软，是一个国家最大的悲哀。在充斥异国舶来品的土地上，怎么能够做出美好的'中国梦'。一味步西方后尘断然不足取，否则何以面对

---

① 参见马进彪：《企业家精神地位价值：应当是法治时代精神的缩写》，载东方资讯网，2019 年 12 月 4 日访问。

3000 年的文明，何以面对子孙后世？" 2014 年 3 月 16 日，泰禾厦门院子启幕，黄其森恳谈理想，畅聊泰禾院子系产品理念。

明朝文学家、书画家陈继儒在《小窗幽记之集醒篇》中有句名言："倾财足以聚人，量宽足以得人，律己足以服人，身先足以率人"，聚人、得人、服人、率人，正是一个组织（不论是国家、社会团体，还是企业）能够上下一心、齐心协力的根本保障，而对企业以及企业家来说，这就是大格局，尤为重要。企业家只有倾财、量宽、律己、身先，仗义疏财方能团结人，宽以待人才能得人心，严于律己便能使人信服，身先士卒自能领导众人。四者同等重要，缺一不可，缺了任何一个，都无法形成上下同欲的局面，无法形成一个高效的团队。可见，倾财、量宽、律己、身先，这八个字可谓是企业家情怀的最高境界！

（1）倾财情怀

曾经有一位记者采访李泽楷，问道："你的父亲李嘉诚究竟教会了你怎样的赚钱秘诀？"李泽楷说："父亲从没告诉我赚钱的方法，只教了我一些做人处事的道理。"记者很是惊讶，认为李泽楷故作神秘。李泽楷对记者解释说："父亲叮嘱过，你和别人合作，假如你拿七分合理，八分也可以，那我们李家拿六分就可以了。"七分合理，八分不过，则只取六分，李嘉诚正是靠着这多让出来的两分，让每个人都愿意和他合作，才最终创造了自己的事业帝国。

企业家要充分认识到财聚人散，财散人聚的道理，认识到身边的人之所以愿意追随自己，最主要的原因便是希望通过追随自己得利，并借此过上体面富足的生活，因此企业家需要与人共创财富，共享财富。如果企业家成为葛朗台那样的守财奴，不能与身边的人分享财富，就会众叛亲离，无人愿意与其合作共事，他的财富也就成了无源之水、无本之木。

（2）量宽情怀

战国初期魏国将领吴起麾下的一名士兵受伤，其母亲去军营探望儿子回来后嚎啕大哭。亲人不解其故，她说在军营中看到儿子腿部受伤后发生脓肿，而吴起则亲自用嘴将儿子伤口中的脓血吸出。这个母亲见到此场景，便知道自己的儿子今后在战场上一定会奋勇杀敌，以报吴起知遇之恩，也必然会因此战死沙场。吴起将军正是由于在治军方面宽严共济，恩威并施，将士皆愿为其效力，才立下赫赫战功，取得百世威名。

这个小故事发人深省，很多企业家对自己的员工往往不够重视与尊重，因此不能得到员工的忠诚和无私奉献。这一点在很多成本敏感性的加工企业尤为明显，如众所周知的富士康公司，一直以工人劳动强度高、工作条件差而饱受诟病，前几年的跳楼事件更是闹得沸沸扬扬。即便有些企业家能够做到倾财量宽，但往往更热衷于参加名利双收的社会公益活动，对社会宽容博爱，而不愿意向对自己创造财富的员工表现出宽容仁慈。在这种情况下企业所做的公益慈善活动，只是为了平息舆论、安抚社会，而非真正的量宽博爱。

（3）律己情怀

生于1971年的埃隆·马斯克，31岁就成为亿万富豪，是目前全球最大网上支付公司PayPal、特斯拉公司、太空探索技术公司（Spacex）以及太阳城公司（SolarCity）四家公司的CEO。埃隆·马斯克每周工作超过100个小时。据说他极度忙碌，经常在夜里3点多躺下，第二天一早又要赶去开会，晚上又要飞去另一个城市参加活动，还要抽空陪5个儿子玩，事业家庭两不误。

律己以服人，不能律己便不能服人。有很多企业家在创业时艰苦奋斗，能够过苦日子，一旦企业小有成就，就开始贪图享受，吃喝嫖赌抽，五毒俱全。随着企业家生活作风的腐化，身边的人员或者因看不惯而选择离开，或者为私利而投其所好，搞得企业内部君子远遁，小人盛行，一派乌烟瘴气，企业的好日子很快就会到头。

（4）身先情怀

日本经济团体联合会名誉会长士光敏夫采用"身先士卒"的做法，一举成为日本享有盛名的企业家。在他接管日本东芝公司前，东芝已不再享有"电器业摇篮"的美称，生产每况愈下。士光敏夫上任后，每天巡视工厂，遍访了东芝设在日本的工厂和企业，与员工一起吃饭，闲话家常。清晨，他总比别人早到半个钟头，站在厂门口，向工人问好，率先示范。员工受此气氛的感染，促进了相互间的沟通，士气大振。不久，东芝的生产恢复正常，并有很大发展。

在初创企业阶段，创始人由于无所依仗，只能事必躬亲，带领员工冲锋陷阵，攻城略地。而此时员工也愿意唯老板马首是瞻，齐心协力，共创事业。闲暇时，大家还可以一起喝喝小酒，聊聊闲天，整个团队虽然物质很贫乏，倒也其乐融融，干劲十足。即便企业做大做强了，企业家也应该留在企业的核心位置，保持对企业重大经营活动的决策权和控制权。尤其重要的是，必须让员工意识到企业家仍在为企业的发展而奔波，为员工的福祉而操劳。李嘉诚之于和记黄埔，柳传志之于联想，任正非之于华为，莫不如此，虽然他们不再关注企业的细节，不再事事躬亲，但每逢企业发生重大突发事件、重大业务布局和战略调整，这些企业家们都不会置身事外，而是亲自站在第一线引领企业转型和变革，让员工们感受到他们仍在身先士卒，率领所有员工克服重重困难，为企业博取更加光明的发展前景。[①]

三、企业家精神的培育

头脑风暴：做一个公益企业家

请同学们仔细观察并思考大学校园内有哪些公益创业机会，记录下来，通过头脑风暴的方式进行小组讨论，并进行组间交流，看看哪个方案最可行。

训练解读：

创意很多时候不等于创业，进行公益创业首先要有情怀，其次要有格局意识，成为一个企业家不只要考虑企业盈利、员工福利，还要考虑企业与社会、国家的共存共命运。

1. 企业家的责任与使命

企业是社会财富的创造者，也是社会就业的主要渠道和自主创新的中坚载体。企业家是企业的领路人，企业家精神是企业乃至整个经济社会发展的

---

① 参见崔志国、罗娟：《谈企业家情怀》，载中华品牌管理网，2019年12月4日访问。

驱动力。2014年7月，习近平在给企业家的回信中希望企业家"继续发扬'敢为天下先，爱拼才会赢'的闯劲，进一步解放思想，改革创新，敢于担当，勇于作为"。这既是对企业家的殷切期望，更是新常态下的鞭策和鼓励。

(1) 企业与企业家的责任

企业责任是社会文明发展的产物，是社会文明的标志，是人类迈向工业文明的产物，是企业必须承担的一种义务。企业责任主要涉及经济责任、社会责任和环境责任。企业落实社会责任，实现经济责任、社会责任和环境责任的动态平衡，反而会提升企业的竞争力，为企业树立良好的声誉和形象，从而提升公司的品牌形象，获得所有利益相关者对企业的良好印象，增强投资者信心，吸引企业所需要的优秀人才，并且留住人才，等等。任玉岭教授曾建议，应从以下八个方面来确立我国企业的社会责任标准：

① 明礼诚信

② 科学发展

③ 可持续发展

④ 保护环境

⑤ 文化建设

⑥ 发展慈善事业

⑦ 保护职工健康

⑧ 发展科技

如果说企业的责任是在追求利润最大化的前提下实现上述责任的平衡，那么企业家的责任一定不止于此，企业家是企业的主人，而不是企业的奴隶。企业家是人，就应该有道德伦理意识。那么，企业家的责任是什么？

① 企业家要遵纪守法

② 企业家要有伦理道德担当

③ 企业家要坚持创新、开拓进取

④ 企业家要在历史进程中扮演好自己的角色，肩负社会责任

马云曾把国内的企业家分成三类：一类是生意人，什么钱都赚；一类是商

人，有所为有所不为；还有一类是企业家，关注长远和社会责任。其中，第三类企业家因为勇于承担社会使命而值得特别嘉许，他们对一个转轨中的社会而言意义重大，但是眼下数量上还远远不够壮大。

（2）企业与企业家的使命

企业使命是指企业所承担的社会责任、义务或由自身发展所规定的任务。企业使命是企业形象的颇为直接的描述。企业生产经营的哲学定位，也就是经营观念。企业确定的使命为企业确立了经营的基本指导思想、原则、方向和经营哲学等，它不是企业具体的战略目标或者抽象存在，不一定表述为文字，但影响经营者的决策和思维。这中间包含了企业经营的哲学定位、价值观突显以及形象定位：经营的指导思想是什么？如何认识事业？如何看待和评价市场、顾客、员工、伙伴和对手。①

现在很多对于企业家使命的研究更偏向于责任方面，其实企业家的使命更倾向于形成前瞻性和塑造性的意识。

企业家的前瞻性意识，会打开他的格局，塑造他的情怀，形成他的战略视角。他会关注世界在发生什么，未来会走向何方，对企业有什么影响。随后，企业家借此规划企业的未来，包括应该怎么走，取得什么样的地位和成就。所以，这个视野决定了企业家的胸怀有多宽，情怀有多广。企业家的使命之一就是共商、共建、共享，共同推进人类历史的发展。

企业家的塑造性意识，会让他从得到逐渐向成就转变。企业家的智慧来源于使命，企业家要去帮助别人，就需要不断的思考，而在这个过程中他的潜能与智慧不断被开发出来。真正优秀的企业家不仅能开发自己的潜能与智慧，还能够开发他人的，所以说企业家的另一个使命就是成就他人、引领思想和价值。

2. 加大力度培育企业家精神

对于企业家精神的培育需要国家层面上下一心，是一个要动大脑筋、下大

---

① 参见管玉梅主编：《公共关系学》，机械工业出版社2016年版。

力气、打持久战的大工程，不能蜻蜓点水、一朝一夕，也不能指望成效立竿见影，它是一项细水长流、厚积薄发的工作。具体来讲，可以从国家与社会、文化与教育和制度与保障三个层面来构建培育体系：

(1) 国家与社会层面，鼓励创新创业，价值引领，塑造企业家精神

国家层面已经打造一种鼓励创新创业的价值取向，并形成鼓励冒险和克服困难、勇于革新的创新创业精神文化，并对通过个人努力获得成功给予最大的尊重。这种价值取向和精神文化会为企业家精神的形成和发展垫定坚实的基础。同时，也要有意识地提高"容错度"，从国家和社会层面更加包容企业家，使人们将失败看成走向成功的必经之路，这样会使富于创新、勇于冒险、主动追求成功的企业家精神更加顺利地生根发芽。

(2) 文化与教育层面，全方位发力，务需务实打造企业家精神

国家和社会层面创新创业氛围已经日渐浓厚，具体落地则要靠家庭教育、学校教育和社会机构教育以及创新创业文化熏陶全方位发力，形成培育企业家精神的合力。

家庭教育是企业家精神早期培育的摇篮，对于企业家人格的塑造、品质的培养有着重要的作用。各阶段学校引入创新创业教育，打破创新创业只是高校的事情这一固化思路，从学前教育开始，就配置相应的课程与教育体系，有意识地激发和培育企业家精神。当一件事情从一个人做发展到社会和国家都做，就会形成一种文化和氛围，对这件事情的最终完成有着正向积极的促进作用。

(3) 制度与保障层面，保驾护航，打造健康有序的生存环境

国家应该出台一系列法律和扶持政策，并设立相关创业服务机构支持创业。初创企业若能够享受政府提供的资金支持和税收减免等相关优惠，使其在初创期所面临的风险和不确定性尽可能地减小，便有助于顺利实现创业。对创业的支持及其配套措施的提供不但培养了个体的创业知识和创业能力，而且在相当程度上也降低了创业壁垒，进而营造了鼓励企业家精神形成的环境氛围，激励了更多人参与创业。

3. 企业家精神与大学生生涯发展

正如前面章节所介绍的，企业家精神其实从人类起源阶段就已经悄悄地萌

生并逐渐发展，所以对于我们每个人来讲，企业家精神其实就在祖祖辈辈传承给我们的血液中、文化中、生命中。所以，企业家精神一定不是企业家的事情，而是我们每个人探索自己，走好人生路所必须具备的一个可贵的精神品质。那么，企业家精神对于大学生个体发展有哪些重要作用？

（1）培育企业家精神有助于大学生树立远大的理想

（2）培育企业家精神有助于塑造大学生崇高的道德

（3）培育企业家精神有助于培养大学生全方位的能力

所以，培育企业家精神不是让大学生都去做企业家，而是使其以后成为一个高尚的受人尊重的人，践行企业家精神不是让大家都去创业开办公司，而是激励我们每个人无论处在人生的哪个阶段都不要忘记创新，坚持积极进取，保持锐意进取的人生态度，饱含宽广的家国情怀。

例分析

创业需要激情，更需要坚持

罗同学，东华大学计算机学院2009届毕业生。2006年，罗同学以保送生身份进入东华大学计算机学院就读，这名富有"神童"色彩的大一新生，在中学时代就坚持不懈自学计算机网络、信息安全等专业知识，并运用当时领先的APIHOOK和驱动注入技术开发出"基于进程级病毒木马拦截授权技术的VHT抗原体系统V1.1"软件，获得全国青少年科技创新大赛一等奖以及国家知识产权发明专利。面对这样一名在专业领域具有突出天分的学生，学校和学院为他量身定制了一套培养方案，教授主动请缨，手把手带领他进行深层次的专业研究，并提供了实验室、网络环境等研究条件。优质的土壤不断孕育出丰硕的果实，大学期间，罗同学先后两次获得"挑战杯"全国大学生课外学术科技作品竞赛上海赛区一等奖、第三届"上海市青少年科技创新市长奖"提名奖。他还带领团队成功开发出"AIS多态性分布式引擎"，好比给计算机穿上了一件隐形的"防护服"，能够有效识别出挂在网页上的木马病毒及变种。

毕业前期，他和一同参与科创项目的小伙伴们，以项目研究成果为产品基础，组建成立了公司，正式开启了创业征程。历经几年发展，公司已研发出主动云爬虫、信息过滤黑匣子等网络安全系列软硬件产品，涉及渗透类、应用类、防护类等产品领域，与百联集团、1号店、大众点评网等众多企业以及高校签约，成为沪上网络安全行业一颗耀眼的新星。

"创业需要激情，更需要坚持"，和多数大学生创业团队一样，整个创业历程中，社会经验缺乏、管理运作能力不足以及资金短缺等问题成为团队发展道路上绕不过去的"拦路虎"。"创业如同在一片未知的大海中行船，既要有一往无前的勇气，更要具备面临大风大浪的从容，还要有发现陆地前很长一段时间寂寞中的坚守"，回顾创业历程，罗同学感慨地说道，团队的协作拼搏是支持大家不断前行的强大力量。

其实，大家不难发现，在找到创业机遇后，就是企业家精神支撑着罗同学一步一个脚印地坚持走了下来，同时他的创新创业范畴无一不是围绕着信息安全、国家和社会的需求。近几年，随着公司发展稳定，罗同学还致力于与学校联合培养学生，鼓励在校大学生到他的企业去实习，这种奉献精神就是企业家精神的最好展示。

小结　党和国家始终高度重视弘扬企业家精神，习近平同志强调："市场活力来自于人，特别是来自于企业家，来自于企业家精神。"党的十九大报告指出："激发和保护企业家精神，鼓励更多社会主体投身创新创业。"中央全面深化改革领导小组第三十四次会议通过了《关于进一步激发和保护企业家精神的意见》，对激发和保护企业家精神作出专门规定。

企业家精神的培育是创新创业教育的重点和本质，创新创业能力培养是大学生素质教育的又一个重心。所以，企业家精神的培养情况就关乎大学生自身的综合素质。对于高校而言，培养企业家精神可以依托创新创业教育，在创新创业课程体系中融入企业家精神发掘、引导和培育环节，创造机遇让大学生与优秀企业家面对面，在榜样精神的引领下，推动大学生提升自身的企业家精神。

对于青年大学生而言，要正确认识企业家精神的内涵以及对自身发展的重要作用和意义，在参与创新创业活动过程中，青年大学生可以提高自身机会识别能力、团队合作能力、承担风险能力以及爱岗敬业能力等，而这些宝贵的精神财富是学生走向社会、开创未来的坚实基础。另外，培育企业家精神时，不仅会收获创新创业能力培育的成果，还会收获广阔的视野、高远的格局、宽广的胸襟以及深厚的情怀，这些则会让青年大学生从同龄人中脱颖而出，成为推动国家转型发展的中流砥柱。

1. 为什么说中华民族的伟大复兴呼唤企业家精神？
2. 应如何培养大学生的企业家精神？

第四章 无欲有欲——市场探索

"常无欲,以观其妙;常有欲,以观其徼",这句话出自老子《道德经》第一章,"常无欲,以观其妙"意思是我们要以无欲无求的心态来观察微妙的清净智慧境界。有欲有求即是追随妄念,无欲无求则是休歇妄想。佛家说,狂心若歇,歇即菩提。世间一切罪恶纷争无不源于欲望,此乃众生相。欲望令人欺诈、痛苦、不安、疲惫。观众生日间所作一切无不是为欲望,及至疲惫不堪,晚上不得不歇息,第二天醒来有精神后又再次为欲望而造作,如此周而复始。

"常有欲,以观其徼"中的"徼"即边际、边界,有玄妙深远的含义。有的人以为无欲就是以一个欲望压抑另外一个欲望,那是以妄抑妄,还同二妄。老子说的无欲是指无邪欲,非无正欲,既不可以妄抑妄,也不是无所事事。正欲者,回光返照,观照自心是也。如憨山德清禅师说:"无念者,只是无邪念,非无正念,念有无善恶是名邪念,不念有无善恶是为正念。"老子在此则明确提出必须有欲望,但这个欲望不同于普通人的欲望,而是观察玄妙深远境界的欲望。换言之,就是观照休歇妄想的工夫。

无欲有欲,引申到创业过程中的市场探索,就是要充分发掘市场的需求,掌握用户的正当欲望,以无欲之心,求正欲。

第四章　无欲有欲——市场探索

学习目标

了解市场的定义、要素及本质，找到市场探索的工具与方法，了解市场需求，对产品与客户进行准确定位，明确市场探索在创业过程中的重要性；并通过案例分析，对于各知识点有进一步的认识和理解。

知识导图

市场探索
- 市场的定义
  - 特点
  - 类型
  - 功能及原则
- 市场调查
  - 明确调查目标
  - 设计调查方案
  - 实地调查
  - 调查资料的整理和分析
  - 其他调查方法
- 市场需求
  - 未满足的市场需求构成了创业者的机会和目标
  - 大学生创业需以市场需求为导向
- 如何寻找市场
  - 剔除没有前景的创意
  - 做有节制的计划与分析
  - 把行动与分析结合
- 如何进行市场定位
  - 定位目标市场和客户
  - 了解客户需求
  - 提出解决方案
  - 提出盈利模式
  - 判断市场体量大小
  - 判断客户的急需程度
- 案例分析

投资理财市场——你真的了解吗

1. 个人理财经验积累——发现商机

汪同学是土生土长的上海人,由于工作关系,他比较关注国内的理财市场。他注意到,随着国内个人财富的不断积累,人们对投资理财的关注程度不断提高,从事第三方理财业务必将大有作为。所以,大学毕业后他跟两个志同道合者一起创办了一家投资理财顾问公司,选择理财行业,开始了自己的创业之旅。他在虹口区四平路上租下了一间办公室,月租金两万元,还花了十多万元采购办公用品。而他自己,也通过了国家理财规划师考试。

2. 市场需求低于预期——四处碰壁

之所以坚定选择理财行业,汪同学并非头脑发热。他已经为自己想好了几个盈利模式,其一是帮助客户管理资产,收取咨询费;其二是可以通过介绍理财产品,获得佣金收入。但很快,他就发现自己四处碰壁,原本看好的收取咨询费的盈利模式根本无从实现。他发现,不管有无经验,投资者都只相信自己,按照自己的思路去操作。像国外那样,在理财师指点下进行投资的投资者少之又少,因此几乎没人愿意主动付费进行咨询。此外,当时虽然国内已经出现代客理财业务,但准入门槛很高,除了要具有很强的专业知识之外,对人员的配置要求也相当高,而这对于汪同学这样的创业者来说是无法企及的。

那么,汪同学在创业的过程中到底哪里出了问题,导致面临如此大的困境?这就是本章节着重探讨的内容,即创业过程中应该如何进行市场探索。

关于创业的市场探索,从微信创始人张小龙说"产品经理应该像上帝那样了解人性"到雷军推荐的《三体》所讲的"宇宙社会学",创业者的知识边界在进一步拓宽。而老子在《道德经》中关于"哲、道、人性"的深入研究,也有值得创业者思考、延展以及借鉴的内容。如第二章中说"无,名天地之始;有,名万物之母",可以理解为在创业产品尚未产生但将要产生之时,这个阶段其实就是产品的市场需求阶段，这其中的工作大致包含市场分析、旧的商业模式与新的商业模式分析、可行性分析等内容。当没有这个产品的时候或者需求没有得到满足的时候，就是产品生存空间的开端，即有了市场。

"有，名万物之母"可以理解为进入一个新兴市场的阶段，在这个过程中，创业者会确定市场的需求、所生产的产品的诞生时间、产品的验收标准、产品的大致模样（原型）等。总之，市场上没有这类产品或者有需求未被满足的时候，就是产品开始生产的时候。所以，发现市场需求的能力是比产品设计能力更基础的一种能力，也是创业者最核心、最难掌握的一种能力，除了需要敏锐的市场眼光，还要有严密的逻辑推理和分析能力。就拿经典的"更快的马"这个案例来说，人们需要"更快的马"，但是世界上没有"更快的马"这个产品，所以"汽车"这个产品就有了存在的空间。当卡尔·本茨有了"汽车"这个产品的想法和概念后，这个产品就已经在孕育了。

又如，"常无欲，以观其妙；常有欲，以观其徼"，其中，"常无欲，以观其妙"可以理解为当没有这个需求的时候，可以置身事外，跳出产品的"三界"，以"上帝视角"来观察、理解、感悟这个市场的运作方式，这样可以很清楚地看到它们的运作方式，当然也就觉得简单。要求创业者以较高的视野来统揽全局，当你比别人站得高一个维度的时候，那就不是一个级别的对比。这个较高的视野，来自于知识储备、阅历以及自身对知识阅历的整合感悟。

综上，创业者要了解市场的含义，要对企业有一个准确的市场定位，了解市场需求，学会如何寻找市场，这便是本章节的主要内容。

一、市场的定义

市场起源于古时人类对于固定时段或地点进行交易的场所的称呼，狭义上的市场是买卖双方进行商品交换的场所；广义上的市场是指为了买和卖某些商品而与其他厂商和个人相联系的一群厂商和个人。市场的规模即市场的大小，是购买者的人数。根据杰罗姆·麦卡锡《基础营销学》中的定义：市场是指一群具有相同需求的潜在顾客；他们愿意以某种有价值的东西来换取卖主所提供的商品或服务，这样的商品或服务是满足需求的方式。

1. 市场的特点

市场是社会分工和商品生产的产物，哪里有社会分工和商品交换，哪里就有市场。

决定市场规模和容量的三要素包括购买者、购买力、购买欲望。

同时，市场在其发育和壮大过程中，也推动着社会分工和商品经济的进一步发展。市场通过信息反馈，直接影响着人们生产什么、生产多少以及上市时间、产品销售状况等；联结商品经济发展过程中产、供、销各方，为产、供、销各方提供交换场所、交换时间和其他交换条件，以此实现商品生产者、经营者和消费者各自的经济利益。

（1）自发性

在市场经济中，商品生产者和经营者的经济活动都是在价值规律的自发调节下追求自身的利益，实际上就是根据价格的涨落决定自己的生产和经营活动，因此，价值规律的第一个作用，即自发调节生产资料和劳动在各部门的分配，对资源合理配置起积极的促进作用，但同时也使一些个人或企业由于对自身利益的过分追求而产生不正当的行为，如生产和销售伪劣产品；欺行霸市，扰乱市场秩序；一切向钱看，不讲职业道德等。另外，价值规律的自发调节作用还容易引起社会各阶层的两极分化，由此产生的矛盾将不利于经济和社会的健康发展。

（2）盲目性

在市场经济条件下，经济活动的参加者都是分散在各自的领域从事经营，单个生产者和经营者不可能掌握社会各方面的信息，也无法控制经济变化的趋势，因此，他在进行经营决策时仅仅观察市场上什么价格高、有厚利可图，并据此决定生产、经营什么，这显然有一定的盲目性。这种盲目性往往会使社会处于无政府状态，必然会造成经济波动和资源浪费。

(3) 滞后性

在市场经济中，市场调节是一种事后调节，即经济活动参加者是在某种商品供求不平衡导致价格上涨或下跌后才作出扩大或减少这种商品供给的决定的。这样，从供求不平衡、价格变化、作出决定到实现供求平衡，必然需要一个长短不同的过程，有一定的时间差。也就是说，市场虽有及时、灵敏的特点，但它不能反映出供需的长期趋势。当人们竞相为追求市场上的高价而生产某一产品时，该产品的社会需求可能已经达到饱和点，只是到了滞销引起价格下跌后，才恍然大悟。

2. 市场的类型

（1）按市场的主体不同进行分类

① 按购买者的购买目的和身份划分

一是消费者市场，指为满足个人消费而购买产品和服务的个人和家庭所构成的市场；

二是生产商市场，即工业使用者市场或工业市场；

三是转卖者市场，即中间商市场；

四是政府市场，指各级政府为了开展日常政务活动或为公众提供服务，在财政的监督下，以法定的方式、方法和程序，通过公开招标、公平竞争，由财政部门直接向供应商付款的方式，从国内市场为政府部门购买货物、工程、劳务的行为。

② 按企业的角色划分

一是购买市场，企业在市场上是购买者，购买需要的产品；

二是销售市场，企业在市场上是销售者，出售自己的产品。

③ 按产品或服务供给方的状况（即市场上的竞争状况）划分

一是完全竞争市场；

二是完全垄断市场；

三是垄断竞争市场；

四是寡头垄断市场。

④ 按地理位置划分

一是城市市场；

二是农村市场。

⑤ 按区域范围划分

一是国际市场；

二是国内市场。

⑥ 按经营产品的专门化和综合性划分

一是专业性市场；

二是综合性市场。

⑦ 按照规模大小划分

一是小型市场；

二是中型市场；

三是大型市场。

（2）按消费客体的性质不同进行分类

① 按市场经营的商品以及最终用途划分

一是生产资料市场；

二是生活资料市场；

三是技术服务市场；

四是金融市场。

② 按交易对象是否具有物质实体划分

一是有形产品市场；

二是无形产品市场。

③ 按交易对象的具体内容划分

一是商品市场；

二是现货市场；

三是期货市场。

3. 市场的功能及原则

市场的功能有：平衡供求矛盾、商品交换和价值的实现、服务、传递信息、收益分配，市场通过价格、利率、汇率、税率等经济杠杆，对市场上从事交易活动的主体即生产者、消费者、中间商进行收益分配或再分配。比如，某工业品价格上涨时，生产者可以增加收入，但是如果中间商得利很多而生产者的收入增加并不多，则可以通过征收增值税来进行利益调节。

市场的原则有平等原则、自愿原则、互利原则、诚信原则。

二、市场调查

市场调查是创业初期对市场探索了解的必要手段，是企业制订营销计划的基础。企业开展市场调查可以采用两种方式，一是委托专业市场调查公司来做；二是企业自己来做。市场调查的基本过程如下：

1. 明确调查目标

进行市场调查，首先要明确市场调查的目标，按照企业的不同需要，市场调查的目标有所不同，必须调查宏观市场环境的发展变化趋势，尤其要调查所处行业未来的发展状况；企业制定市场营销策略时，要调查市场需求状况、市场竞争状况、消费者购买行为和营销要素情况；企业在经营中遇到了问题时，应针对存在的问题和产生的原因进行市场调查。

2. 设计调查方案

一个完善的市场调查方案一般包括以下几方面内容：

（1）调查目的要求

应根据市场调查目标，在调查方案中列出本次市场调查的具体目的要求。例如，本次市场调查的目的是了解某产品的消费者购买行为和消费偏好情况等。

（2）调查对象

市场调查的对象一般为消费者、零售商、批发商,其中,零售商和批发商为经销调查产品的商家,消费者一般为使用该产品的消费群体。

在以消费者为调查对象时,要注意到有时某一产品的购买者和使用者不一致,如对婴儿食品的调查,其调查对象应为孩子的母亲。此外还应注意到一些产品的消费对象主要是某一特定消费群体或侧重于某一消费群体,这时调查对象应注意选择产品的主要消费群体。例如,对于化妆品,调查对象主要为女性;对于酒类产品,调查对象主要为男性。

(3) 调查内容

调查内容是收集资料的依据,是为实现调查目标服务的,可根据市场调查的目的确定具体的调查内容。如调查消费者行为时,可按消费者购买、使用、使用后评价三个方面列出调查的具体内容。

调查内容要全面、具体、条理清晰、简明,避免面面俱到、过于烦琐,避免把与调查目的无关的内容列入其中。

(4) 调查表

调查表是市场调查的基本工具,调查表的设计质量直接影响到市场调查的质量。

设计调查表要注意以下几点:① 调查表的设计要与调查主题密切相关,重点突出,避免可有可无的问题;② 调查表中的问题要容易让被调查者接受,避免出现被调查者不愿回答或令被调查者难堪的问题;③ 调查表中的问题次序要条理清晰,顺理成章,符合逻辑顺序,一般可将容易回答的问题放在前面,较难回答的问题放在中间,敏感性问题放在最后;或将封闭式问题放在前面,开放式问题放在后面;④ 调查表的内容要简明,尽量使用简单、直接、无偏见的词汇,保证被调查者能在较短的时间内完成调查表。

(5) 调查地区范围

调查地区范围应与企业产品销售范围相一致,当在某一城市做市场调查时,调查范围应为整个城市;但由于调查样本数量有限,调查范围不可能遍及城市的每一个地方,一般可根据城市的人口分布情况,主要考虑人口特征中的收入、文化程度等因素,在城市中划定若干个小范围调查区域,划分原则是使各区域内的综合情况与城市的总体情况分布一致,将总样本按比例分配到各个区域,在各个区域实施访问调查。这样可相对缩小调查范围,减少实地访问工作量,提高调查工作效率,减少成本。

(6)调查样本的抽取

调查样本要在调查对象中抽取,由于调查对象分布范围较广,应制订一个抽样方案,以保证抽取的样本能反映总体情况。

样本的抽取数量可根据市场调查准确度的要求确定,市场调查结果准确度要求愈高,抽取样本数量应愈多,但调查费用也愈高,一般可根据市场调查结果的用途情况确定适宜的样本数量。实际市场调查中,在一个中等以上规模城市进行市场调查的样本数量,按调查项目的要求不同,可选择200—1000个样本,样本的抽取可采用统计学中的抽样方法。

具体抽样时,要注意对抽取样本的人口特征因素进行控制,以保证抽取样本的人口特征分布与调查对象总体的人口特征分布相一致。

(7)资料的收集和整理方法

市场调查中,常用的资料收集方法有调查法、观察法和实验法,一般来说,前一种方法适宜于描述性研究,后两种方法适宜于探测性研究。

企业做市场调查时,采用调查法较为普遍。调查法又可分为面谈法、电话调查法、邮寄法、留置法等。这几种调查方法各有优缺点,适用于不同的调查场合,企业可根据实际调研项目的要求来选择。资料的整理一般可采用统计学中的方法,利用Excel工作表格,可以很方便地对调查表进行统计处理,获得大量的统计数据。

3. 实地调查的协调、控制工作

调查组织人员要及时掌握实地调查的工作进度完成情况,协调好各个访问员间的工作进度;要及时了解访问员在访问中遇到的问题,并帮助解决,对于调查中遇到的共性问题,提出统一的解决办法。

4. 调查资料的整理和分析

实地调查结束后,即进入调查资料的整理和分析阶段,收集好已填写的调查表后，由调查人员对调查表进行逐份检查，剔除不合格的调查表，然后将合格调查表统一编号，以便于调查数据的统计。

5. 撰写调查报告

撰写调查报告是市场调查的最后一项工作内容，市场调查工作的成果将体现在最后的调查报告中，调查报告将提交企业决策者，作为企业制定市场营销策略的依据。市场调查报告要按规范的格式撰写，一个完整的市场调查报告由题目、目录、概要、正文、结论和建议、附件等组成。

除以上实际调研外，还可采用文献调查、询问调查、依托网络数据公司等进行调研等方法，在创业前期做好对市场的了解评估工作是创业成功的必要程序。

三、市场需求

未被满足的市场需求构成了创业者寻找的目标和捕捉的机会。但是，这些未被满足的市场需求，并不能直接被定义这些创业者的具体创业方向。这主要是基于两个方面的原因：一方面，对于同样的未被满足的市场需求，创业者可以尝试用不同的产品、服务或解决方案来满足，即面对同样或类似的需求机会，不同的创业者有可能会选择不同的创业路径。另一方面，创业企业在特定时间点上所具有的能力或资源基础，也会直接导致他们是否能够察觉到这样的需求机会是否是自身能够捕捉的商业机会以及采取什么样的方式或路径将这种需求机会转化为最终的创业机会。

就此而言，我们可以用这样一种简化方式来描述创业机会，即创业机会是未被满足的市场需求（包括现实的或潜在的）与创业企业能力（资源）基础的交集。这也意味着，能力基础对于创业行为而言，有着非常重要的意义，因为能力基础将直接影响对需求机会的识别、理解、捕捉和变现。

个人需求的无序性和市场需求的有序性决定了大学生创业应该以市场需求

为导向，大学生的个人需求是不固定的，更是无规律可循的，在创业过程中可能出现今天想做金融、明天想做 IT 的情况，而市场需求却不会说变就变，即使有时会因为政治、科技等现实因素的变化而变化，但其变化规律是可以把握的。

个人需求具有局限性，大学生这一特殊群体的个人需求的局限性尤为突出，大部分大学生都不是官二代或者富二代，在创业初期都面临着缺乏工作经验、创业启动资金短缺、人脉资源不足等问题。经清华大学调查显示，大学生创业失败率高达 70% 以上，面对如此严峻的创业形势和自身的严重局限性，大学生创业更应该深入市场，以市场需求为导向，从而实现自我价值和社会价值。

以市场需求为导向的创业符合经济学客观规律，亚当·斯密在《国富论》一书中提到：市场的核心是市场机制，而市场机制的现实表现就是市场需求。例如，北京同仁堂集团作为中华老字号面对竞争愈发激烈的医药保健市场，没有固步自封，而是不断根据市场需求调整自己的营销策略，业绩远远超越了国内其他几家老字号医药品牌。

再如，美国福特汽车集团作为 20 世纪初期美国汽车行业的龙头老大，无视市场需求，坚持只生产黑色 T 型车，最终在 1928 年被通用汽车超越，屈居第二。任何一个行业、任何一个企业要想站稳脚跟，就必须以市场需求为导向，根据市场需求调整自己的营销策略，更包括大学生群体。

四、如何寻找市场

1. 剔除没有前景的创意

寻求创业机会的人通常会想出许多创意。迅速剔除潜力不大的创意，就可以让他们把注意力集中在少数真正有前景的创意上。这个步骤需要的是判断和思考，而非收集大量的数据。只有把创造性构想和一流的实施能力结合起来，才能保证初创企业能够生存下来并实现盈利。如果创业构想明显缺乏创造性或者明显不具备任何特殊的实施能力，那就应该毫不迟疑地予以放弃。

在评估创业机会是否可行时，创业者应该考虑三个相互作用的因素：创业目标、外部环境变化带来的契机，以及竞争基础是专有资产还是快速行动。另外，对创业机会的吸引力（即风险和回报）进行评估和比较，也是必不可少的。此外，创业者还应该以现实的态度评估自己的风险倾向等个人偏好。

2. 做有节制的计划与分析

为了节约时间和资金，成功的创业者会尽量减少在研究和分析创意方面投入的资源，所以只进行必要的计划和分析，必要时会大胆作出主观判断。

在确定分析重点时，创业者必须认识到，哪怕进行再深入的研究分析，也仍然无法排除某些关键的不确定因素。他们还应该避免做那些对行动没有指导意义的调查研究。至于到底要做哪些计划和分析，并没有标准的清单或者普遍适用的方法，而是取决于初创企业的特点。

3. 将行动与分析结合

创业者不必等到弄清所有问题的答案之后才开始行动，但要在行动中随时准备调整方向。事实上，他们常常很难将行动与分析分开。在对创业机会进行全面分析之前就采取行动有许多益处，例如，树立自信心和吸引追随者。这样做还有助于创业者制定更正确、更有根据的战略。

五、如何进行市场定位

品牌营销大师杰克·特劳特说过：商业成功的关键，就是在顾客心智中变得"与众不同"，这就是定位。对于商家来说，真正的战争发生在用户的心智中，要集中全力、聚焦一点，去抢占人们的一个心智模块，以至于让他产生

"条件反射"式的心理链接。

因此,市场定位(找方向)理应摆在创业的首要位置。如果在这一点上思考得比较深入,后面的路会好走很多。但从实际来看,很多创业者都会在这方面犯下错误,想当然地认为自己的创意很美好,方向一定错不了,可是市场往往会给予无情的打击。可想而知,如果创业的原点发生了错误,结局就肯定不会圆满。

那么,创业项目该如何进行市场定位?换言之,如何检验你的创业想法是否可行,是否有前途?其实可以通过回答以下四个问题来检验。

1. 目标市场和客户是谁

首先你得知道你想推的产品和服务,到底服务哪个市场,哪类人群。作为初创公司,要找的是细分市场,而非大众市场;精准的目标人群,而非所有人群。起步阶段,目标市场和人群一定要缩小范围,要能准确地描述出客户的画像,这样便于你的产品和服务能很快地获得种子用户,有了种子用户之后,可以不断拓展;同时应从细分市场入手,站稳脚跟后就可以扩展到别的市场。

2. 客户需求是什么

你得清楚目标客户遇到的问题是什么,他们的真实需求是什么。一定要把问题界定清楚,到底是痛点还是痒点。如果只是痒点,你开发的产品就很难一下子得到他们的认同,客户教育成本会很高;相反,如果你发现的是真正的痛点,那么即便你刚开始推出来的产品并不完美,客户也很愿意接受并为之付费。

3. 解决方案是什么

针对客户遇到的问题,你得给出一个好的解决方案,并且这个解决方案比竞争对手的要好。同时要考虑解决方案的可操作性,如果产品技术实现不了,就算发现了需求也无用。

4. 盈利靠什么

当推的产品和服务帮助客户解决了实际问题，客户理应为此买单。如果找的客户够精准，发现他们遇到的痛点够痛，而你的产品和服务恰恰又能很好地满足他们的需求，相信客户会为你掏钱。

这四个问题是内在关联的，如果对这四个问题都有了明确的答案，就说明该项目从商业逻辑来看是可以形成闭环的，值得去做。如果其中一个问题的答案不清晰，就有可能影响到项目落地性。有些项目看起来相对模糊，但是要相信市场不会欺骗你，市场会验证你的价值。当市场不灵的时候，一定要重新思考自己的选择，否则就会在错误的方向上越走越远。

弄清自身创业项目的可行性和市场前景以后，紧接着就会进入市场。可是，市场竞争激烈，创业者该如何选择合适的市场展开竞争？

5. 判断市场体量是否足够大

体量，也就是一个市场的大小。市场越大，容载量就越大，那么这个市场就能容纳更多同类产品，市场竞争就会越小，有利于初创企业度过初创阶段的艰难。而后，可以不断地细分这个大市场，找准消费者某方面的需求去攻克，寻求企业的下一步发展。

6. 判断消费者需求急切程度

如果市场消费者对于产品的急需程度很高，你能够调控的价格空间就会很大。这就好比你在沙漠中因为缺水而口渴难耐，这时我把水带到沙漠卖给你，估计你无论如何都会要；相反，我把同样的一瓶水放到江南水乡去卖，估计贱卖也没人要，因为人家根本不缺水。因此，选择一个消费者需求迫切的细分市场，会让创业公司在前期积累大量财富。

思考案例　谷歌眼镜的市场探索

1. 谷歌眼镜是什么？

谷歌眼镜（Google Project Glass）是由谷歌公司于 2012 年 4 月发布的一款"拓展现实"眼镜，它具有和智能手机一样的功能，可以通过声音控制拍照、视频通话和辨明方向，以及上网冲浪、处理文字信息和电子邮件等。谷歌眼镜的主要结构包括：在眼镜前方悬置的一台摄像头和一个位于镜框右侧的宽条状的电脑处理器装置，配备的摄像头像素为 500 万，可拍摄 720p 视频。2015 年 1 月 19 日，谷歌停止了谷歌眼镜的"探索者"项目。

主要历程如下：

2012 年 4 月 4 日，谷歌宣布开发 Project Glass 即拓展现实眼镜项目，并在其社交网络 Google+ 上公布了命名为"Project Glass"的电子眼镜产品计划。

2012 年 4 月 5 日，谷歌正式发布一个称作"Project Glass"的未来眼镜概念设计。

2013 年 4 月 10 日，美国科技博客 Gizmodo 发布了一张图片，揭示了谷歌智能眼镜的工作原理。它承载着可穿戴设备的开端，极具想象空间，前途不可限量。但现在看来，它暂时只是一个手机伴侣，基础通信、文字输入依赖手机。

2013 年 10 月 30 日，谷歌又在 Google+ 上发布了第二代谷歌眼镜的照片。第一代谷歌眼镜使用了骨传导技术为用户播放声音，而第二代则新增了耳塞。除此之外，谷歌还表示，新产品还将兼容新款太阳镜和各种视力矫正眼镜。

2013 年 11 月 12 日，谷歌发布眼镜的一系列新功能，包括搜索歌曲、扫描已保存播放列表，以及收听高保真音乐等。

2014 年 3 月 3 日，谷歌眼镜升级至 Android 4.4。

2014 年 4 月 15 日早上 9 点，谷歌眼镜正式开放网上订购。

2015 年 1 月，停止销售第一版谷歌眼镜，并关闭了"探索者"项目，将谷歌眼镜项目从 Google X 研究实验室拆分至一个独立部门。

2015年1月30日，在谷歌的第四季度财报电话会议上，谷歌首席财务官帕特里克·皮谢特对谷歌眼镜的未来表示并不乐观。谷歌眼镜暂时不会推出消费类版本。

2015年3月23日，谷歌执行董事长埃里克·施密特表示，谷歌会继续开发谷歌眼镜，因为这项技术太重要了，以至于无法放弃。

2. 谷歌眼镜为什么退市？

分析谷歌眼镜退市，原因有三：

（1）没有找准产品的定位

谷歌眼镜在发布之初虽然展现了智能眼镜主导人类未来的蓝图，但它的产品定位实际上非常不明确，只能说勉强可以定位为一个C端应用。

谷歌一门心思瞄准大众，试图为每一个新想法找到尽可能大的市场。然而，那时智能眼镜技术并不成熟，在功能上完全无法和手机媲美，而且过高的价格挡住了大部分消费者，再加上人们没有使用智能穿戴设备的习惯。

正确的定位是产品能否经受住市场考验的重要因素，在那样的市场环境下，谷歌将谷歌眼镜定位为个人穿戴设备明显是错误的。

（2）没有明确用户需求

因为定位不明确，谷歌眼镜始终没能找到一个切合大众关注点的需求，谷歌似乎打造了一款设备，然后希望极客们帮助找到有趣的用法，结果发现谷歌眼镜更多在技术开发和行业应用中使用，路越走越偏。

公司推出一款新产品后，应当积极拉拢商业伙伴和引导开发者进行二次开发，这能确保产品可以快速适应市场。然而，谷歌在这方面显得十分迟钝。谷歌关于产品应用场景的消极态度导致内容开发者无法清晰地看到市场前景，从而对应用开发变得畏首畏尾，以至于谷歌眼镜上的应用软件寥寥无几，最终使得谷歌眼镜变成了一款无用的产品。

（3）并未形成良好的使用礼仪

用户的社会道德是需要教育得来的，在电影院高声打电话是不礼貌的，盯着别人输密码是不礼貌的，那么戴上谷歌眼镜后到底应该"怎么看"呢？没人知道。

一款好的产品应该是有明确的使用场景的，作为开发者应该要引导大众正确使用产品。面对大众和官方的抵触情绪，谷歌显得十分冷漠，虽然发布了禁止开发者开发面部识别应用的规定，以免侵犯他人隐私；然而一年后，谷歌却在系统更新中推出了"眨眼拍摄"功能，随后便遭遇大量指责，再次被批评无视大众隐私。正是在这种舆论压力之下，谷歌眼镜选择了退场。

那么，在新推出的企业版谷歌眼镜上谷歌作出了哪些抉择？这些抉择又对智能硬件创业者有何启示？

我们先来看看谷歌是怎么重新定位产品的。首先是找准刚需，在企业生产和医疗领域存在大量需要解放双手的业务场景；其次是结合产品技术特点，智能眼镜的一大卖点正是解放双手；最后是收缩产品的使用范围，在智能眼镜技术尚未成熟的时候，面向大众发售并不能取得好的成果，而先投放在某个垂直领域能减少很多技术压力，同时也不用满足太多的需求。

接下来我们分析一下谷歌是如何契合用户需求的。谷歌试图让用户找出产品的使用方法，而这明显是行不通的。很多时候用户自己的需求也是不明确的，如果要用户自行探索，将会浪费很多时间，同时也会走很多弯路，此时作为商家应该为自己的产品探索更多用法。

所以，在新版推出伊始，谷歌便设计了大量的应用场景，比如在生产中实时显示图纸，使用眼镜进行远程指导作业等。而这些举措与其说是谷歌满足了用户需求，不如说是在利用产品引导用户的需求。

最后，谷歌为眼镜定义了一种新的使用模式，即作为企业生产中的辅助工具，而这一使用模式成功消除了产品面临的道德问题。适合的使用模式也是产品能否被市场接受的关键，而定义使用模式的前提是找准产品的定位，前提达成了，接下来的事情便水到渠成。

智能穿戴设备一直是一个热点，但到底这类产品能否真正被市场接受，现在还是未知数。不过谷歌的这次尝试为我们提供了一个不错的案例，同时也引出了一个问题，即在智能穿戴设备野蛮生长的时代，智能硬件创业者该如何定位产品？

3. 从谷歌眼镜退市得到的启示

对于所有创业者来说，市场是最关键也是最直接的一环。一个产品得不到市场的认可，那么与废物没有区别，一个创业者得不到市场的认可，永远只能是怀才不遇。说市场是创业者的衣食父母并不为过。一个不了解市场的人，想要创业成功，是永远不可能的。

在今天的互联网和大数据时代，每一种产品的研发都开始趋向于个性化，换句话说，市场的划分也更加具体，所以必须学会划分市场，选择客户。就像一个演员必须拥有粉丝和观众，市场的划分就是寻找那些可以成为你的粉丝的人。这是一项产品面向社会必须要做的一步。而占领你所划分的那些属于你的市场，其作用就相当于为一座大厦打下一个地基，为你的事业建立一个根据地。

（1）见缝插针——点燃星星之火，这是创业者面对市场，必须要学会的一招，对于市场而言，并没有绝对的占领者。所以，在市场中必须学会见缝插针。市场上的每一个缝隙，都可能是你发展的火源。机会永远是创业者发展最宝贵的财富。对于很多人来说或许一辈子只缺一个机会，而只有不放过每一个机会，才有可能抓住机会。见缝插针，让你拥有向上发展的可能性。

（2）创造市场——自给自足，这是企业发展的一种自己给自己做饭吃的思维模式。它主要分为扩大已有市场和创建一个新市场两种。第一种创造市场方式风险性较低，投入相对而言比较高。作为典型的例子莫过于王老吉，王老吉最开始不过是一款广东地方饮料，而自从接入香港投资后，不断开发和扩大凉茶市场，导致今天的市场中凉茶已经在中国饮料品牌中稳稳地占有一席之地。而第二种自创市场，风险性和难度相对而言都是极大的，但是其收益与回报同样也是巨大的，最典型的成功案例就是电子商务如滴滴打车、美食外卖等行业。

（3）市场的个性化发展方式。市场发展的最终结果就是可以根据每一个人的不同需求提供不同的产品，这主要体现为产品的差异性和个性化。对于企业来说，客户永远是第一位，因为只有他们才是利润的最终决定者。所以，只有我们去满足客户，而不要指望客户去委屈自己来服从你，这是市场上永远不会存在的现象，即使存在，也绝对是由于客户被逼无奈。

（案例来源：https：//www.jiemian.com/article/1797273.html）

小结 本章从市场的定义谈起，再到了解市场调查的方法和市场的需求，进而延伸到如何寻找市场，如何进行市场定位，这一系列对市场的探索是创业者极为关键的一步。要弄清楚创业目标市场和客户、市场痛点、解决方案、盈利模式、市场体量以及消费需求程度等问题，对创业项目可行性进行判定，看是否值得去做；要学会发现市场、划分市场、创造市场，相信市场，充分发掘市场潜力，掌握用户需求，以无欲之心，求正欲。

1. 请说一个当下某个细分市场的现状，并分析其利弊与趋势。
2. 假如你是创业者，在企业面临下行市场时将如何应对？

第五章 Chapter 5 大象无形——核心竞争力

《道德经》言：大白若辱，大方无隅，大器晚成，大音希声，大象无形。寓意宏大的形象一般看不出棱角，宏大的人材器物一般成熟较晚，宏大的音律听上去往往声响稀薄，宏大的气势景象似乎没有一定之形，即越好的音乐越悠远潜低，越好的形象越飘渺宏远。越是大的成就往往越穿透悠远，越是大的气度往往越包容万物。"核心竞争力"应该是"包罗万象"的，"偷不去、买不来、拆不开、带不走、溜不掉"的。

学习目标

了解创业者需要具备的素质和能力，学会组建创业团队，并进行合理分工，团结协作，构建可发展的团队价值体系，掌握如何发现和获取创业资源，寻找商业机会和创业项目；并通过案例学习，对商业的核心竞争力有整体认识。

第五章 大象无形——核心竞争力

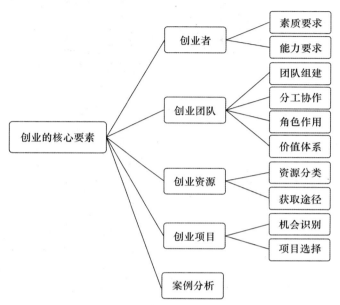

课程导入　创业者素质测评

1. 测试题

（请你根据自己的实际情况，回答"是"或"否"）

（1）你在学校是个成绩优异的学生吗？

（2）你在学生时代是否喜欢参加集体活动？

（3）你在少年时是否常常喜欢独处？

（4）你在童年时是否做过报童，或帮人做过小生意？

（5）你儿时是否很倔强？

（6）你少年时是否很谨慎，在活动时是否喜欢最后上场？

课程导入

　　（7）你是否在乎别人对你的看法？

　　（8）你是否对每天都一样地例行工作感到厌倦？

　　（9）你会孤注一掷经营生意，即使亏本也在所不惜吗？

　　（10）你的新事业失败了，是否会立即另起炉灶？

　　（11）你是否属于乐天派？

2. 评分标准

　　（1）是：+4，否：-4

　　（2）是：+1，否：-1

　　（3）是：+1，否：-1

　　（4）是：+2，否：-2

　　（5）是：+1，否：-1

　　（6）是：+4，否：-4

　　（7）是：+1，否：-1

　　（8）是：+2，否：-2

　　（9）是：+2，否：-2

　　（10）是：+4，否：-4

　　（11）是：+1，否：-1

3. 测试结果

　　请把各题的得分加起来，用总积分与下面的分析相对照。

　　19—23分：表明你已具备了成为创业家的一切特质。

　　10—18分：表明你能自行创业成功的机会很勉强。

　　10分以下：表明你不具备创业能力，不是这方面的人才。

　　"核心竞争力"的概念一开始用在企业管理领域，由普拉哈拉德和哈默尔于1990年提出，核心竞争力是组织对企业拥有的资源、技能、知识的整合能力，是组织中的累积性知识，特别是关于如何协调不同生产技能和有机整合多种技术的知识，并据此创造出超越其他竞争对手的独特的经营理念、技术、产品和服务。随着理论的拓展与延伸，"核心竞争力"已被广泛应用于分析个人、企业、组织等的竞争优势。

麦肯锡咨询公司对核心竞争力的解释是："群体或团队中根深蒂固的、互相弥补的一系列技能和知识的结合，借助该能力能够按世界一流水平实施一至多项核心流程"。麦肯锡这一定义中至少包括两类能力：洞察力、预见力；业务的实施能力。

一个最简单的关于"核心竞争力"的定义是：持续实现独特客户价值的组织实施能力。

对于大学生创新创业团队核心竞争力内容与维度的探究，不同学者持不同观点，针对核心竞争力的学习和培养，可以从创业者、创业团队、创业资源和创业项目四个方面展开。

一、创业者

创业者是指创业活动的推动者，或者是活跃在企业创立与成长阶段的企业经营者。

从创业的背景和动机上看，创业者可划分为以下类型：

（1）生存型创业者，如自主创业的下岗工人、失去土地或不愿困守乡村的农民及毕业找不到工作的大学生。

（2）变现型创业者，指在过去的工作生活经历中积累了大量市场关系并在适当时机开办企业，从而将过去的权力和市场关系等无形资源变现为有形财富的创业者。

（3）主动型创业者，可以分为两类：一类是盲动型创业者，另一类是冷静型创业者。盲动型创业者大多极其自信，做事冲动，这样的创业者容易失败，可一旦成功也往往会成就一番大事业。

从在创业过程中所处的角色和所发挥的作用上看，创业者可划分为以下类型：

（1）独立创业者，指自己出资、自己管理的创业者。独立创业充满挑战和机遇，创业者可以自由发挥想象力、创造力，充分发挥主观能动性、聪明才智和创新能力，可以主宰自己的工作和生活，按照个人意愿追求自身价值，实现创业的理想和抱负。但是，独立创业的难度和风险较大，创业者可能缺乏管理经验，缺少资金、技术资源、社会资源、客户资源等，生存压力大。

（2）主导创业者与跟随创业者。主导创业者与跟随创业者是相对的。在一个创业团队中，带领大家创业的人就是团队的领导者，即主导创业者，其他成员就是跟随创业者，也称参与创业者。

1. 创业者的素质要求

成功的创业者是否拥有某种天生的"创业基因"？创业者应当具备哪些特殊的能力？创业素质和能力是天生的，还是可以经过后天培养？创业研究者们从心理学、社会学等角度，对成功创业者所具备的基本特征进行了分析研究。

根据我国的创业环境，创业者的基本素质包括创业意识、心理品质、创业能力和知识结构等要素。这些要素中，每一项均有其独特的地位与功能，任何一个要素发生变化或残缺不全，都会影响其他要素的形成和发展，影响其他素功能和作用的发挥，乃至影响创业的成功。因此，一个成功的创业者，不仅要注意在环境和教育的双重影响下培养自己的"创业素质"，而且要重视其整体结构的优化，在创业实践中不断提高自己的创业素质。

（1）文化知识丰富。在竞争日益激烈的今天，单凭热情、勇气、经验或只有单一的专业知识，要想成功创业是很困难的，创业者要进行创造性思维，要作出正确决策，必须有广博的知识，具备一专多能的知识结构。具体来说，创业者应该充分了解、掌握国家的有关政策、法规，做到用足、用活政策，依法行事，用法律维护自己的合法权益；了解科学的经营管理知识和方法，提高管理水平；掌握与本行业、本企业相关的科学技术知识，依靠科技进步增强竞争能力；具备市场经济方面的知识，如财务会计、市场营销、国际贸易、国际金融等知识；具备一些有关世界历史、世界地理、社会生活、文学、艺术等方面的知识。

（2）心理素质好。所谓心理素质是指创业者的心理条件，包括自我意识、性格、气质、情感等心理构成要素。作为创业者，其自我意识特征应为自信和自主；其性格应刚强、坚忍、果断和开朗；其情感应富有理性色彩。成功的创业者大多不以物喜、不以己悲，成功时不沾沾自喜、得意忘形，碰到困难、挫折和失败时不灰心丧气、消极悲观。

（3）强健的体魄。创业是一项繁重和复杂的工作，创业者对健康风险要有充分的准备。创业者工作繁忙，工作时间长、压力大，如果身体不好，必然力不从心，难以承受创业重任。因此，创业者无论在什么情况下，都要培养一种积极乐观的心态、宽广坦荡的胸怀，要力争做到身体健康、体力充沛、精力旺盛、思路敏捷。

（4）坚持不懈，接受失败。创业是一个充满不确定性与风险的过程，只有拥有坚定不移的信心、坚持不懈的毅力，才能战胜别人认为不可逾越的困难。经历一次又一次的失败而决不放弃是创业者的主要行为特征，在创业领域没有任何捷径可走，只有专心致志和坚持不解的人，才能克服在通往目标的道路上所遇到的危机和障碍。

（5）敢冒风险，抓住机遇。在市场经济大潮中，机会与风险共存，创业者要具备评估风险程度的能力，具有驾驭风险的有效方法和策略。成功的创业者，会把机遇作为支点，通过对机遇的把握，规划企业的发展方向，在寻找机会的过程中，他们目光敏锐、目标明确，对目标的设定既高于现实，又努力可及，从而能够集中精力瞄准机遇，有所取舍，知道何时应该拒绝机会，何时应该把握机会。创业过程中会遇到诸多风险和不确定性成本，这种挫折和付出是不可避免的，创业过程不是赌博，创业者不是"专注于风险"，而是"专注于机遇"，成功的创业者要细心且善于分析，选择那些成功的可能性大而失败的可能性小的目标。

（6）善于交流。在创业道路上，创业者必须摒弃"同行是冤家"的狭隘观念，学会合作与交往，要通过语言、文字等多种形式与周围的人进行有效的交流与沟通，提高办事效率，增加成功的机会。在创业过程中，需要与客户打交道，与公众媒体打交道，与外界销售商打交道，与企业内部员工打交道，这些交往、沟通有助于排除障碍，化解矛盾，降低工作难度，增加信任度，从而取得创业的成功。

（7）克服盲目冲动和私利欲望。创业过程中，创业者要善于克制，防止冲动。克制是一种积极、有益的心理品质，它可使人积极有效地控制和调节自己的情绪，使自己的活动始终在正确的轨道上进行，不会因一时的冲动而引起缺乏理智的行为。创业者在创业过程中要自觉接受法律的约束，合法创业，合法经营，依法行事；自觉接受社会公德和职业道德的约束，文明经商，诚实经营，互助互利，当个人利益与法律和社会公德相冲突时，要能克制个人欲望，约束自己的行为。

（8）树立危机意识。常言道，人无远虑必有近忧。一个企业如果没有危机意识，迟早会垮掉；一个人如果没有危机意识，难免有一天会遭受挫折。未来是不可预测的，而人也不是天天都走好运的，因此，创业者要有危机意识，在心理上及行动上有所准备，以应付突如其来的变化。

2. 创业者的能力要求

创业者在创业初期，应该从自己熟悉的行业中选择项目，也可借助他人，特别是雇员的知识技能来办好自己的企业，但如果能从自己熟悉的领域入手，就能避免"外行领导内行"的尴尬，大大提高创业的成功率。

（1）专业技术能力

专业技术能力包括专业知识和专业技能。专业知识是指从事某一专业工作所必须具备的知识，一般具有较为系统的内容体系和知识范围。掌握专业知识是培养专业技术能力的基础。专业技能包括智力技能和操作技能。智力技能是在大脑内部借助于内部语言，以缩简的方式对事物的映像进行加工改造而形成的。操作技能是由一系列外部动作构成的，是经过反复训练形成和巩固起来的一种合乎法则的行动方式。

创业者应具备的专业技术知识主要体现在以下三方面：

① 创办企业过程中主要职业岗位所需的必备从业知识。

② 接受和理解与所办企业经营方向有关的新技术的知识。

③ 把环保、能源、质量、安全、经济、劳动等知识和法律、法规运用于本行业实际的能力。

（2）经营管理能力

在现代社会中，经营管理能力为人的生存和发展提供了较好的主体条件，同时，也能形成人、财、物、时间、空间的合理组合。管理能力直接关系到创业活动的效率和成败，因此管理也是生产力。

① 善于经营。成功的创业者，不仅要有果敢的开拓精神，还必须精通经营之道，熟悉市场行情，了解和掌握生产经营活动的内容、策略和手段。掌握信息要及时准确，对比选优要多设方案，不同意见要兼收并蓄；要懂得市场经营策略、销售策略、定价策略，熟悉生产经营的组织和管理等。

② 善于管理。所谓管理就是根据企业的内在活动规律，综合运用企业中的人力资源及其他资源，从而有效地实现企业目标的过程。善于管理，必须了解生产环节，掌握管理的窍门，精通经营核算，做好生产过程中生产计划的编制、生产的调度、产品的质量控制等。

③ 善于用人。在生产力的诸要素中，人是最活跃并起决定作用的因素，也是企业能否发展的决定性因素。善于用人，就能调动人的积极性，使人尽其能，人尽其才，使个人的长处得到充分的发挥。要做到善于用人，必须统一指挥、权责相配、建立规章、民主管理，还必须论功晋级、按劳取酬。

④ 善于理财。创业者从事生产经营，要获得利润，就必须善于理财。理财是对资金运动过程进行正确的组织、指挥和调节，保证生产活动顺利进行，从而减少劳动和物质资源耗损、降低产品成本、提高资金利润率的重要环节。不言而喻，善于理财能使资金增值，提高经济效益，这是创业成功的重要保证和标志。

（3）综合能力

① 学习能力，包括逻辑思维能力、综合应用能力、分析比较能力、归纳

总结能力、阅读理解能力和口头表达能力等。

② 驾驭信息能力，即对信息的获取、分析、加工、处理、传递的能力，是理解和活用信息的能力。

③ 激励员工能力，包括目标激励、评判激励、榜样激励、荣誉激励、逆反激励、许诺激励、物质激励。

④ 应变能力，就是灵活机动、锐意创新，能根据社会的变化和市场上新的需求，迅速采取相应对策的能力。

⑤ 独立工作能力，包括独立思考能力、组织决策能力、自我控制能力、经营管理能力、承受挫折能力、人际交往能力以及在市场经济条件下的竞争能力等。

⑥ 开拓创新能力，主要由好奇心、求知、竞争、灵感、个人求发展的动力等心理因素和创造性思维、独立性思维等因素组成。

⑦ 社交能力，指学会认识人际关系、正确理解人际关系、培养良好人际关系的能力。

二、创业团队

创业团队是指由两个或两个以上具有一定相关利益、彼此间通过分享认知和合作行动共同承担创建新企业责任、处在初创企业高层管理位置的人共同组建形成的有效工作群体。具体特点包括以下四点：（1）创业团队是一特殊群体；（2）创业团队的工作绩效大于所有成员独立工作绩效之和；（3）创业团队对企业成功具有重要的价值；（4）创业团队是高层管理团队的基础和最初组织形式。

1. 创业团队的组建

组建团队，可以让大家的利益汇聚到共同的地方，形成坚强的利益共同体，凝结成强大的团队力量。

对于创业团队的组建，应注意以下几点：

（1）技能或背景互补

从人力资源管理的角度来看，建立优势互补的创业团队是保持创业团队稳定的关键，在创建一个团队的时候，不仅仅要考虑相互之间的关系，最重要的是考虑成员之间能力或技术上的互补性。从创业资源的角度来看，在引进了不同背景的创业人员的同时，也引进了不同的人际网络。

（2）理念和愿景统一

创业过程充满艰辛和风险。成员的个人目标要与企业的愿景一致，即认同团队的努力目标和方向，也就是对企业文化的认可。创业团队成员需要拥有共同的价值观，把个人目标整合到组织目标中，增强团队的凝聚力。一个好的领导者就像是一个好的创业家。创业家在一项新创的事业中，常常需要扮演两种角色：创造远景，及时与大家沟通。一个相互间默契的团队，具有比一般团队更有弹性、更快速解决问题的能力，而沟通过程贯穿始终。

（3）经济利益划分合理

虽然最初引导创业者走到一起的力量可能是信念或友谊，但是长久凝聚创业者的是利益，特别是企业规模扩大后。任何成功的创业团队必须处理好利益分配问题。利益分配对象可以是当前企业所得利润，如利润分红、年终奖金等；也可以是未来企业经营的预期收益，如上市分享股权等。利益分配需要测算好合理的再投入比例，也要设计好创业团队成员之间合理的分配比例。

（4）管理权力恰当分享

除了经济利益，有些创业者也希望通过创业体验自主决策、运筹帷幄的管理乐趣。因此，分享管理权力也是团结创业者的重要途径。在分享权力的同时，创业团队成员也共同担负了企业的责任，形成更多的共同创业体验，这有助于彼此的沟通。企业的管理权力可以按照不同业务类型划分为人力资源管理、财务管理、采购物流管理、营销战略管理等，也可以按照经营的区域划分，如华南大区、广东分区、广州片区逐层分解。相对而言，初创的小微企业如果业务拓展速度很快、销售范围很广，可以采用按照区域划分的方式，便于创业者因地制宜，开展经营活动。

2. 创业团队分工协作

新创的企业中，创业者与雇用的员工都是刚刚走到一起完成共同的任务，彼此之间的信任还未建立，也缺乏深入的了解，就像一粒粒松散的沙子；而新创的企业又面临诸多困难，难免会发生各种摩擦。为了使企业运转顺利、创业成功，此时的创业团队管理就要强调分工协作，达到聚沙成塔的作用。

（1）明确岗位职责

管理企业如同行军打仗，兵马粮草各司其职才能排兵布阵，战无不胜。初创企业与平稳运转的企业不同，可能因为业务较少，人员也较少，经常出现一个人身兼数职的情况，但是这并不影响岗位职责的确立。企业中也应按照不同的工作内容，规定不同的岗位应做什么工作、承担什么责任、应达到什么样的标准。划分清楚了，再确定由哪位人员担负哪些岗位职责。这样，工作规模扩大后，新的人员加入时，便可以陆续分担其中的一些岗位职责，实现岗位顺利分化。

（2）梳理运作流程

不同岗位之间的工作怎样衔接？这就需要详细梳理企业内部运作流程，区分各种工作步骤、执行条件、完成质量标准等。国际上企业管理最通行的做法是按照国际标准化组织 ISO 的有关质量认证要求，完善内部管理制度。如生产型企业，需要拟订标准化操作文件，用明确的工作流程图确定相应工作质量要求。新创的企业如果起点较低，不妨参考业内已通过 ISO 认证企业相应的 ISO 文件把核心业务流程梳理好。

（3）制定管理制度

创业团队的分工协作靠的不仅是创业之前拟订的创业计划，还需要制定企业运转过程中详尽的制度。创业团队如果以合伙形式注册企业，则应在合伙协议的基础上进一步细化合作的方式，约定好每位创业团队成员的职责义务、权力范围、工作的具体流程以及应达到的水准，团队成员的行动如何相互配合，如果出现计划外情况，应启动何种应急机制等。除此之外，还应制定企业内部工作纪律、财务制度、分配机制等。如果创业的项目属于高科技类型，还应特别注意知识产权的相关保护制度。当然，创业之初由于经营活动还不稳定，企业的运转常常是不规律的，无法一下子完善内部管理制度。但是创业团队应有意识地向着这一方向迈进，出现问题不要畏惧，成员之间应认真沟通，了解问题出在哪里，并制定合理的制度，避免问题再次出现。

3. 创业团队中的角色

创业团队中，通常有九种角色，如下图所示：

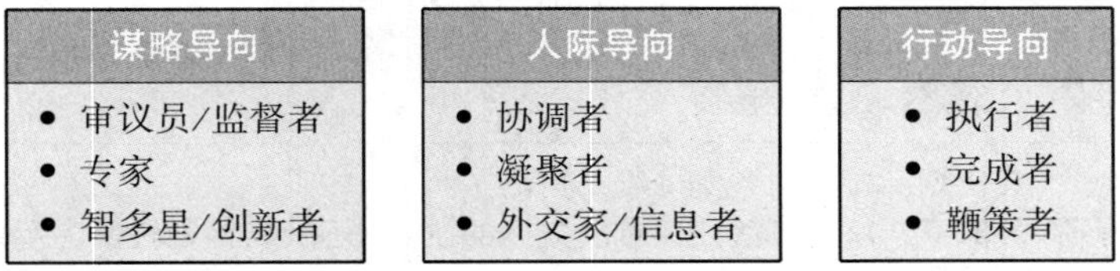

谋略导向	人际导向	行动导向
• 审议员/监督者 • 专家 • 智多星/创新者	• 协调者 • 凝聚者 • 外交家/信息者	• 执行者 • 完成者 • 鞭策者

图 5-1　创业团队中的九种角色

各角色在团队中的特征和作用如下表所示：

表 5-1　创业团队中各角色的作用

类型	角色	特征	作用
谋略导向	审议员/监督者	优点：理智谨慎，判断力和分辨力强，讲究实际 缺点：缺乏鼓动和激发他人与自己的能力	分析问题和情境；对烦杂的材料予以简化，并澄清模糊不清的问题；对他人的判断和作用作出评价
	专家	优点：主动自觉，全情投入，能够提供不易掌握的专业知识和技能 缺点：能够贡献的范围有限，沉迷于个人兴趣	提供专业建议
	智多星/创新者	优点：思维活跃、想象丰富、知识面广、具有创新精神 缺点：高高在上、不重细节、不拘礼仪	提出建设性意见；提出批评，引出相反意见；对已经形成的行动方案提出新的看法

（续表）

类型	角色	特征	作用
人际导向	协调者	优点：沉着自信，看待问题比较客观，拥有控制局面的能力 缺点：在智能以及创造力方面稍逊一等	协助明确团队目标和方向；帮助确定团队中的角色分工、责任和工作界限
人际导向	凝聚者	优点：擅长人际交往，温和，敏感，有较强的环境适应能力和团队凝聚能力 缺点：危机时刻优柔寡断	给予他人支持与帮助，扭转或克服团队中出现的分歧
人际导向	外交家/信息者	优点：外向热情，好奇心强，人际关系广泛，消息灵通 缺点：兴趣转移快	提出建议，并引入外部信息
行动导向	执行者	优点：保守，务实可靠，勤奋 缺点：缺乏灵活性，对没把握的主意不感兴趣	将计划转换为实际步骤
行动导向	完成者	优点：勤奋有序，有紧迫感，理想主义 缺点：拘泥于细节，容易焦虑，不洒脱	强调任务的目标要求；查缺补漏，督促他人完成
行动导向	鞭策者	优点：思维敏捷，开朗，主动探索，有干劲，爱挑战 缺点：好激起争端，爱冲动，易急躁	寻找和发现方案，推动团队达成一致意见，并朝向决策行动

（资料来源：通识教育规划教材编写组：《大学生就业与创新创业教程（慕课版）》，人民邮电出版社 2019 年版）

4. 创业团队价值体系构建

除了正式的制度，创业团队成员还应进行企业价值体系建设，使得每个企业成员自我约束、自我激励，用潜在的制度凝聚每个成员的力量，以组织持久旺盛的成长力。创业团队价值体系的建立是一个复杂的过程，包括确立组织目标、形成组织策略等。

（1）确立组织目标

创业团队在拟订创业计划的时候，都会设想未来创设的企业是什么类型的组织，主要经营什么业务，长远的愿景是怎样的。但是随着创业计划的实施，总会或多或少发现预先的设想与实际的运转有差异，原来的短期计划目标、中长期规划目标实现的内容和时间随之发生变化。出现变化并不可怕，团队成员可以共同面对问题，集中讨论对策，交流各自的观点和考虑依据，通过沟通不断磨合，达成共识，适时调整最初的创业计划。

（2）形成组织策略

创业团队在拟订创业计划时，一般会明确各个时期的发展目标，但是很难列举未来可能遇到的各种情况和应采取的措施。组织的策略都是在具体的、真实的社会经济环境中形成的。初创企业可能会遇到业务无法顺利开展、难以聘用到合适的人才、现金流不足或断裂、内部运行流程不畅等多种问题。创业团队成员可以根据自身的经验和了解到的信息，提出个人的解决方案。

（3）认同团队价值

大学生创业团队在拟订创业计划时，设定的创业目标常常比较理想化，实现自我价值、成为新兴行业的领跑者、引领潮流文化等创业构想使得企业最初在决定服务对象、发展路径、盈利点等时容易产生不符合实际的想法。进入真实的社会环境后，如何让刚刚建立的企业生存壮大成为摆在创业者面前最重要的问题。

此时，创业团队成员可能会产生意见分歧，创业项目可能就此走向失败；也有些创业团队认真细致地分析面临的问题，深入开放地交流彼此的想法，比较各种经营和管理方案的优劣，最终确定大家认为可行的方案。这一过程，正是创业团队价值体系形成的过程。从现代建构主义哲学来看，人的新认知观念是在原有经验基础上经过个体主动理解形成的。心理学的研究成果表明，人类的认知与情感是相互影响的。共同的创业经历、共同的分析讨论有助于创业团队形成共同的创业认知和对企业的情感。久而久之，就沉淀为团队成员共同的价值体系、稳定的企业文化。积极向上的企业文化是推动企业快速发展的精神激励，可以让每个成员围绕企业运转的核心发挥自主性和积极性。

三、创业资源

创业资源，顾名思义，就是用于支持创业者进行创业活动的资源，只要是对其创业项目和创业企业发展有所帮助的要素，都是创业资源的范畴。创业资源是初创企业在创造价值的过程中需要的特定资源，包括有形资源和无形资源，它是初创企业创立和运营的必要条件。创业资源无论是否直接参与企业的生产，它的存在都会对创业绩效产生积极的影响。

1. 创业资源有哪些

创业资源包括人力资源、创业资金、销售渠道、技术支持、市场信息等。从存在形态来看，可以把创业资源分为有形资源和无形资源。有形资源包括人力资源、资金资源、技术资源、物质资源；无形资源包括信息资源、人脉资源、信誉资源。

（1）有形资源

① 人力资源，是所有资源里最宝贵的资源，它不仅包括创业者及创业团队的知识、训练和经验等，还包括团队成员的专业智慧、判断力、视野和愿景。其中，创业者又是人力资源中最重要的组成部分，因为创业者自身拥有的资金技术、经验、才能和社会关系网等一系列初始资源往往决定着企业的方向和发展。对高素质人才的引进，也成为企业可持续发展的关键要素。

② 资金资源，是推动创业活动不断前行的"燃料"，就好比初创企业这辆"车"所使用的汽油，车没油了就开不动了。企业在不同的发展阶段需要不同规模的资金，一般来说，初创期的资金投入可以相对少些。这就要求创业者精算启动资金，筹集"刚需"的资金即可。"资金储备越多越好"的想法是不可取的，要避免增加无谓的融资成本。

③ 物质资源，是创业和企业经营所需要的物质和场地，如房屋、建筑物、设施、机器和办公设备、原材料等。在需要的情况下，物质资源也可作为抵押品向银行申请融资，补充紧缺的资金需求。

④ 技术资源，是初创企业在市场竞争中的一把利器。技术资源包括关键技术、制造流程、作用系统等。要成为真正的创业者，仅依靠一个商业上的想法是很难融资的，拥有自己的核心技术才更容易得到投资者的青睐。技术资源决定了企业能提供哪些产品或者服务，能实现人们的哪些需求。

(2)无形资源

① 信息资源，是对创业企业有所帮助的所有信息，包括市场信息、行业信息、项目信息、政策法规信息等。信息资源是企业发展重要的战略性资源，是企业各项经营活动的支柱和参照，维系着企业的生存和发展。从创业前的项目选择和商业决策到企业创立后的策略制定和运营管理，都需要收集大量的相关信息作为决策的依据。

② 人脉资源，是创业者构建起来的人际网络或社会网络，它在创业之初尤为重要。重要的人脉资源包括：同学资源，同学之间因为接触比较密切，彼此比较了解，友谊一般都较可靠，是应该珍惜的资源；同乡资源，同乡来自共同的地方，有相同的语言、生长环境和生活饮食习惯，更容易有共同语言，而且"同在异乡为异客"，会产生一种惺惺相惜的情感，更愿意相互帮忙；战友资源，一起当过兵，接受过严格的军事管理后，相互信任，拧成一股绳，有困难的时候，战友们都愿意伸手援助。

③ 信誉资源，是社会人群对企业感觉的体现。信誉可以存在于产品层面和公司层面。产品层面的信誉以品牌忠诚度的形式呈现，消费者对品牌的忠诚度是企业可持续发展的有力保障。比如，苹果公司一出新的电子产品就会受到"果粉"们的热捧。公司层面的信誉则表现为企业的社会形象，一个好的社会形象能推动企业快速发展，比如，火爆的"恒大"足球俱乐部，很好地树立了恒大集团的社会形象，推动了企业在多行业的发展。

2. 如何获取创业资源

(1) 创业资源的获取途径

获取创业资源的途径分为市场途径和非市场途径两大类。当创业所需要的资源拥有活跃的交易市场时，可以采用市场交易的途径；其他情况下则采用非市场交易的途径。

① 通过市场交易途径获取资源

通过市场交易途径获得资源的方式包括购买、联盟和并购等。购买是指利用资金通过市场购入的方式获得资源。联盟是指通过联合其他组织，对一些单凭一方难以开发的资源实行共同开发。资源并购是指通过股权收购或资产收购将企业之外的资源转化为企业内部资源的交易方式。比如，联想集团当年并购 IBM 公司的 PC 业务，IBM 公司 PC 部门的资源就被转化为联想的内部资源。

② 通过非市场途径获取资源

通过非市场途径获取资源的方式主要有资源吸引和资源积累。资源吸引指初创企业利用描述企业愿景的商业计划或利用创业团队的声誉来获得物质资源（厂房、设备）、技术资源（专利、技术）、资金资源（投资）和人力资源（有经验的员工）。资源积累指利用现有资源通过企业内部培育形成所需的资源，主要包括自建企业的厂房、装置、设备，在企业内部开发新技术，通过培训来提高员工的业务水平等。

(2) 创业资源获取模式

不同创业者自身具备的条件不同，其获取资源的模式也会有所不同。典型的创业资源获取模式有技术驱动型、人力资本驱动型、资金驱动型。

① 技术驱动型的资源获取模式

技术驱动型指的是创业者最先拥有技术资源，或者是技术资源较为充裕，由此带动其他资源向企业聚集。在该模式下，创业者以其拥有的核心技术为基础，围绕技术开发的需要获取、整合和利用资源。

② 人力资本驱动型的资源获取模式

人力资本驱动型指的是创业者以拥有的团队作为基础，围绕发挥团队特长或创业机会开发的需要来获取、整合和利用资源。

③ 资金驱动型的资源获取模式

资金驱动型指的是创业者最先拥有资金或者是资金资源较为充裕，由此带动其他资源向企业聚集的资源获取模式。在该模式下，创业者以其拥有的资金为基础，寻找与资金相匹配的项目，进而对其进行开发，从而获取、整合和利用资源。

四、创业项目

优秀的创业项目是创业成功的关键因素,是核心竞争力之一。创业之前,每个创业者都必须对市场做一个综合考察,进行清晰的分析,时刻注意市场上最细微的发展变化,抓住商机,选好项目,确定行动计划,然后有目标、有步骤地实现创业愿景。①

1. 创业机会识别

创业难,从发掘创业机会开始就很难。有一些人将创业点子的产生归因于机缘巧合,即"无心插柳柳成荫"。然而,所谓的机缘巧合或第六感的直觉,主要还是因为创业者在平日培养出了侦测环境变化的敏锐观察力。发掘创业机会的方式大致可归纳为以下六种:

(1)分析矛盾现象。例如,金融机构提供的服务与产品大多只针对专业投资大户,但占有市场七成资金的一般投资大众未受到应有的重视。这样的矛盾,显示出提供一般大众投资服务的产品的市场必将极具潜力。

(2)分析特殊事件。有时候,一些突发的事件反而会带来创新的机遇,正如"塞翁失马,焉知非福"。例如,美国一家高炉炼钢厂因为资金不足,不得不购置一座迷你型钢炉,而后竟然出现后者的获利率要高于前者的意外结果。再经分析,才发现美国钢铁市场结构已产生变化,因此,这家钢厂就将往后的投资重点放在能快速反应市场需求的迷你炼钢技术上。

(3)分析作业程序。福特T型车的生产模式获得成功,在于福特先生偶然看到的底特律乡下屠宰场的吊装分割,并从中得到启发。在这之前的汽车生产与组装是车不动人动,几名熟练的技工围着一辆车敲敲打打。福特先生研制了

---

① 参见李肖明、孙逸、宋柏红主编:《大学生创业基础》,清华大学出版社2016年版。

一种类似屠宰场的悬空吊链,将汽车的生产与组装改为人不动车动,半成品的汽车沿着吊链滑行,每完成一道工序,吊链吊着汽车往前滑行一段距离。这种改革将高级技工的经验分解,每人只需负责一小部分,员工培训成本减少,同时生产效率提高,使得T型车的成本大幅度下降,并最终催生了汽车轮子上的美国。T型车的生产模式后来被形象地比喻为"流水线",影响了美国乃至全球工业生产模式。

(4) 分析产业与市场结构变迁的趋势。例如,在国营事业民营化与公共部门产业开放、市场自由竞争的趋势中,我们可以在交通、电信、能源产业中发掘极多的创业机会。虚拟运营商正是因为电信技术更新、发展和用户对于电信业务需求的不断增加及电信业务种类的激增,导致电信运营商角色的改变而出现的。虚拟运营商的出现,改变了以往电信运营的模式。

(5) 分析人口统计资料的变化趋势。例如,单亲家庭快速增加、妇女就业风潮、老龄化现象、教育程度变化、青少年国际观扩展等,必然提供许多新的市场机会。

2010年10月20日,学而思教育在纽约证券交易所正式挂牌交易,成为国内首家在美国上市的中小幼课外教育培训机构。为满足孩子们多元的教育需求,学而思开展小班、1对1、网校等多种形式的教育服务,旗下拥有摩比思维馆、学而思培优、学而思网校、智康1对1、E度教育网五个子业务品牌,在各自细分领域都处于领先地位。

(6) 分析价值观与认知的变化。例如,人们对于饮食需求认知的改变,造就了美食市场、健康食品市场等新兴行业。①

2. 创业项目选择

当创业者初选了创业项目之后,不要忘记还有一个重要的环节——市场调研。通过详尽的市场调研之后,就可以对创业项目的市场潜力有一个相当的了解。然后再结合其他因素,对创业项目进行一次严格的商机评估。

---

① 参见蔡剑、吴戈、王陈慧子:《创业基础与创新实践》,北京大学出版社2015年版。

商机评估是项目可行性调研的重要环节，并不是我们喜欢什么，就可以做成什么。任何一个创业项目的成功，都不是偶然的。创业者必须考量：我的产品或服务会被市场接受吗？顾客会信赖我的产品吗？市场上是不是早已存在很多强劲的竞争对手？谁在为我的目标顾客提供着同样的产品和服务？

如下图所示，商机评估包括四个主要部分：自身条件评估、市场需求分析、盈利模式探讨和竞争优势研究。

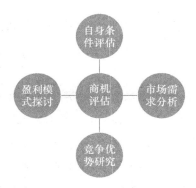

图 5-2 商机评估的四个主要部分

其中，市场需求分析是选择创业项目的关键，也是一个创业者必须学会的经营企业的第一步。任何成功的企业都是以市场需求为导向的，任何有市场的产品都是可以满足顾客某种需求的，所以企业的产品最终是由顾客来决定的，没有需求就没有市场前途。进行市场需求分析应考虑的因素如下图所示：

图 5-3 市场需求分析的考虑因素

找到了市场需求就找到了利润之源，找到了目标顾客，即你的产品要卖给谁，顾客的利益是你行动的唯一指南。然后再根据地域、文化、年龄、消费者偏好以及宗教等社会因素细分市场，并分析目标群体和市场容量，判断未来趋势，最终确定创业项目。①

追求极致，用设计让商业更具价值

一心一意做实事，把事情无条件做到最完美、最极致的程度，从设计一件小T恤开始，到为世界500强企业做商业设计，朱同学就是这样一位创业洪流中逆流而上的理想主义创业者。

朱同学的朋友圈里有一张他双臂环抱苹果电脑（Macbook Pro）的照片，这个姿势和照片旨在致敬乔布斯。1984年，乔布斯推出苹果电脑（Macintosh）时，摄影师诺曼·希弗为乔布斯拍摄了一张双臂环抱苹果电脑的黑白照片。2015年，朱同学摆拍的这张照片中，他穿着跟乔布斯同款的黑色高领毛衣，简单的牛仔裤，一样感触而坚定的眼神。他在朋友圈里写道：跨越历史的照片——Steve Jobs & Jason Chu。

欣赏比尔·盖茨，但要做乔布斯

在校园里，同学和朋友都称他为"校园乔布斯"，不仅仅是因为他有着和乔布斯相近的穿着风格和"浑身上下清一色"的苹果产品标配，更是因为他的做事风格与乔布斯有着惊人的相似——对细节完美追求到令人"发指"的地步。"企业家大概就分两种，一种是很会赚钱的，赚很多钱，像比尔·盖茨那种富豪式的；另一种大概就是很疯狂的，疯狂到可以不顾自己的财富，不顾自己的健康，甚至顾不上自己的亲朋好友，无论怎样都会想尽一切办法要把一件事情做到好到不能再好，说起这样的人，首先想到的就是乔布斯。"在这个物欲横流的社会，生活节奏不断加快，说起"90后"创业，人们总往大的想，往高的捧，动不动就是估值过亿，动不动就是CEO，就好

---

① 参见李肖鸣、孙逸、宋柏红主编：《大学生创业基础》，清华大学出版社2016年版。

像赚钱的就一定是好东西，好东西却不一定会赚钱似的。到底有多少像"明年我要拿一个亿分给员工"这样的年少轻言被媒体过度包装放大后构成一个个创业泡沫？不得而知，但我们可以肯定的是，在这个"90后"创业圈子里，依旧有一些年轻人像朱同学那样不愿随波逐流，不想被过度放大吹捧，一心一意想要做实事。他说："校园里，好像全世界都喜欢会赚钱的企业家，如比尔·盖茨，但我却对乔布斯情有独钟，一直将他奉为偶像。布斯说永远不要为了钱去做一件事，因为那样没有意义，要为改变这个世界而努力，追随自己的内心。"

从宿舍里小小工作室到千万级公司园区

与热衷于对公司进行估值、宣传，放出豪言"我要上市，我要做大企业，我要赚一个亿"的"90后"创业者不同，朱同学更关心做企业的过程中，能不能让公司每位成员的工作、生活环境得以改善，能不能让他们都过上精致的生活；赚到钱能不能回归到社会，创造的价值能不能给社会带来积极正面的影响。可能是因为创业三年来异常的低调，除了团队成员，学校里基本没有一个人真正了解他们赚了多少钱。但是在创业和大学学业即将进入第四个年头的时候，朱同学做了一个震惊身边亲朋好友的决定，他与伙伴们经营了三年的谋士设计工作室正式注册成立为广州谋士科技有限公司，选址就在广州耗资8000万元建造的全亚洲最大的录音室园区。公司园区分为办公区和生活区，不但配备餐厅和超大停车场，公司所有员工都配有五星级酒店标准的住宿环境，朱同学个人居住的"豪华套房"配备独立超宽敞卫浴和一个电动开启星空天窗，光是阳台全景落地玻璃窗的长度就达近五米，据说当年陈奕迅和谭咏麟来这里录音就是住在这里。"自从公司条件有了较大的跨越后，很多朋友都笑称我为'土豪'，我觉得其实不是我们真的有多少钱，那些号称拿几千万甚至上亿投资的'90后'创业者比我们有钱100倍，但是他们的办公环境和生活环境，每个员工的素质和品味依旧跟不上去，难道他们没钱？我想这不关钱的事，仅仅只是因为我们的追求不同而已。"

同学眼里的"土豪",同事眼里的"铁公鸡"

如果有机会去广州谋士科技有限公司,就不难理解别人为什么会那样说。与传统写字楼不同,这家科技公司开在一楼,类似于香港私人独栋别墅,公司大门是一道高约三米的黑色趟门,既神秘又气派。一进去迎面而来的是公司前台,继而进入的便是会客厅,穿过会客厅就看到既简约又充满设计感的办公区域,一张简单的桌子,一台27寸的苹果iMac和一个台灯构成了工作的全部,简约到极致,你甚至看不到一张多余的纸和一支笔,只因全公司已经实现无纸化办公了,一闪一闪的苹果路由器,传递着公司所有的信息。

走到办公区的尽头,我们就可以看到朱同学的办公室,除了超大办公桌,窗外特别设立的观景鱼池和竹林也让人耳目一新,更重要的是很难想象这样一间豪华办公室的主人竟是年轻到让人忍不住想质疑的"90后"创业者。朱同学是那种肯花钱、舍得花钱的人,但却又是那种要求每笔支出精准到小数点后两位的人,他自己请吃饭可以不看价格点菜,但公司请吃饭一定是精打细算。虽然同事会这样开玩笑,但是他们都知道他这样做的目的只有一个:维护公司利益。

新西兰艰苦磨砺,成就非凡人生

朱同学对工作和生活的执着,并不是与生俱来的。如今的一切与他四年前的一个决定不无关系。在高考结束后,他如愿以偿地被报考学校录取。但他做了一个看似疯狂却可能是他这辈子作的最为正确的决定——休学出国。

在新西兰一年的时间里,他与其他人去国外"留学"不同,他把自己的留洋经历称为"游学"。因为在国外期间,他过的不是舒适的生活,相反,更像流浪汉式的"非人生活"。那时候,朱同学一天工作18个小时,白天在快餐店打工,周末晚上和朋友去夜市摆烧烤摊,卖鱼、卖青口贝、卖玉米,收摊后把锅碗瓢盆洗干净后回到家往往累得半死,洗个澡后朱同学又摇身一变成为一名平面设计师,通过互联网为世界各地的企业提供设计。

"我在18岁的时候体会过人生中最累的时刻,所以我现在怎么工作都不会累,尽管从健康的角度来说提倡早睡早起,但是这个世界是不可能每个人都早睡早起,总有些人要作出牺牲,少睡一点,累一点,为别人多着想一点,为社会多操心一点,如果他们全都跑去早睡,人类文明进程的脚步肯定会慢下来。"朱同学回忆道。

从校园文化 T 恤开始专为世界 500 强企业做设计

在广州中医药大学的校园里,几乎人人都穿着这么一件衣服,这是一件连校长也要自掏腰包买的衣服,这是一件承载学校文化的衣服,这是一件由朱同学亲自操刀设计的校园文化 T 恤。一切源于他去中山大学参加表姐的毕业典礼时购买校园文化 T 恤的经历。由于服务员的服务态度和产品质量一般,让他的期待值一下降到零,而对朱同学来说,这却是不能妥协的。也就是那一刻,他决心要改变这一切,他要打造一套属于他们校园的文化 T 恤。带着这样的追求,他开始设计打造一款精致的校园文化 T 恤。

无论是布料的选用、设计的构思,还是营销的策略,都是由他带领的谋士设计团队一手打造。他们为了做到极致,甚至不惜成本,选用市场上较为昂贵的莱卡棉面料并设计定制了一款精致的包装。这样过分执着于细节带来的负面影响就是:成本极大提高,原本狭小的利润空间变得更小,但这件校园文化 T 恤的售价仅仅只比其他学校的普通文化衫贵了 7 元。他想的是要让更多人享受这种好的、有品质的产品,而不是想怎么去赚更多人的钱。

可谁也没有想到的是,默默从文化 T 恤这么一个小项目开始的团队,他们在社会上的角色早已是一流的专业平面设计团队,曾经为汇丰、佳能、丰田、AGC、盈科、中国电信、南方电网、碧桂园、万科等多家世界 500 强企业和国际中高端上市公司提供过平面设计和品牌策划服务,并且与它们一直保持着良好的长期合作关系。

一个人,执着如乔布斯,在生活上、工作上已经做到极致。这样的人带领的"90 后"创业团队,始终不忘初心,在创业洪流中逆流而上,创造价值的过程中更创造美好与惊喜。很期待这样的理想主义者在获得自身成功的同时,能为社会带来正能量。①

---

① 参见张惟健、朱楚杰:《追求极致,用设计让商业更具价值》,http://news.cyol.com/content/2017-06/09/content_ 16171173. htm,2019 年 12 月 3 日访问。

案例点评

用好校园资源,开启创业航程

这是一个创业的时代,越来越多的青年大学生投身到伟大的创业洪流中,许多高校也顺应时代要求,为大学生创业提供越来越多的支持,如开设创业课程、提供创业咨询、建设创业基地、提供创业资金等。大学生在校园内创业能够获得相对多的资源支持,得到较多的指导,这无疑对促进大学生创业成功起到非常重要的作用。

本案例中的朱同学和他的团队在创业初期就充分利用校园资源进行创业。在调研和采写案例的过程中,该创业团队还讲述了他们从校内创业起步的过程。朱同学和他的团队从筹建工作室,到申报大学生创新创业训练计划立项,再到最后获得2万元的资金扶持,都得到校内创业导师的指导与支持;从争取场地支持到在校园内开展产品营销,从广告发布到校园兼职人员招募等都得到学校的支持、师生的帮助,朱同学的团队把校园资源运用得淋漓尽致,这也是朱同学的工作室起步之初创业成功的关键之处。

相信很多同学都萌生过校内创业的念头,但因为缺乏队友、缺乏资金、缺乏场地等原因而放弃了尝试。其实不是所有创业者一开始就拥有创业所需的所有资源,创业艰辛的原因之一就在于你要在资源相对匮乏的情况下让企业生存下来,创业者要绞尽脑汁地获取资源,让企业发展壮大。而校园资源作为大学生创业的重要资源之一,容易获取,但却经常被学生忽略。从目前来讲,许多高校除了提供创业基础课程,还提供丰富的创业实践和创业孵化的资源。创业基金解除了大学生创业启动资金的后顾之忧,创业孵化器为大学生创业提供了项目辅导、展示、融资、公司注册等一体化的服务。因此,对于大学生创业来说,把握好当前创业教育"天时、地利、人和"的优势,积极主动利用校内创业资源,可以说是创业起航阶段很好的路径。

知识拓展　校园内创业可以获得哪些资源？

在国家的号召下，很多高校都大力培养学生的创新精神，也如火如荼地开展创业教育。越来越多的大学生对创业跃跃欲试，其中在校园内创业是比较常见的创业形式。那么校园内创业，创业者可以获得哪些资源？

1. 项目资源

在校园中寻找创业项目很常见，毕竟大学校园就像一个小社会，创业项目就在校园生活中。比如说从改善校园生活方面着手，大学生在宿舍里只能自己烧水喝，但有时天气热想喝凉水就只能烧开水后放凉了再喝。于是，就有人想到如果自己出售桶装水，需求应该很大，这个项目具有可行性。

2. 团队资源

像电影《中国合伙人》一样，成功的创业离不开一支优秀的创业团队。组建创业团队，需要找到跟自己有共同创业理想并为之努力奋斗的伙伴。在校园里找伙伴比在社会上找相对容易得多。在校园找合伙人的优势在于大家都是学生，很少会有居心不良、欺骗等负面情况发生；同时，大学特别是综合性大学开设的专业比较全面，容易根据需要选择相应专业的伙伴；此外，团队成员的年纪差不多，沟通起来比较顺畅，融合比较快。而在社会上找合伙人会因为你不了解别人的真实情况，不知道要找你合作的人是否真有和你一起拼搏的打算，容易出现分歧，这样的团队存在较高的散伙风险。

3. 导师资源

与其他创业最大的不同是，校园内创业可以免费得到老师的指导。在崇尚创新创业的氛围下，不仅是学生，大学老师也会投身学习和开展创业教育、研究创业、实践创业。他们非常乐意去指导学生开展创业活动。通过老师的指导，学生的创业计划通常会更加完善，特别是在学生比较容易忽略的相关法律风险防控、商业模式优化等方面。当创业过程中遇到困难时，不管是技术、资金、运营还是其他方面，都可以咨询老师的意见，一起寻找解决办法。导师资源就在校园，能否利用好，就要看你是否主动了。

4. 场地资源

现在很多大学都开设了类似于创业基地、创业园等创业活动场所。这些创业基地、创业园通常是为创业学生提供办公的地方。有些学校是免费提供给创业学生,有些学校收取低价的租金。别小看学校提供的场地,若是在校外找一个办公室,在房租不断攀升的情况下,租办公室必然成为一笔较大的花销,要知道节省资金对初创企业是非常重要的。

5. 资金资源

学校提供资金的方式可以是直接的,也可以是间接的。若学校本身设立了学生创业基金,只要创业项目符合其设定的范围和条件,那么就比较容易申请到创业启动资金,这就是直接提供资金。还有一种间接的方式,即学校老师指导创业团队参加一些创业比赛获取风投或是申报一些创业实践立项获得发展基金。

6. 活动宣传

校园内创业还有一个低成本营销的优点。创业者可通过校园各式各样的学生活动,依托其中的影响力来宣传推广自己的项目产品,除了能够节省成本外,还能快速提升企业的知名度;而且学校一直都在提倡学生创业,只要不妨碍活动的正常进行,一般都会同意借助活动人气来推广产品。①

小结　　本章从创业者的素质和能力要求、创业团队的分工协作和价值体系构建、创业资源的获取、创业项目的确立等方面阐述了创业制胜所需的核心竞争力。在了解这些制胜关键因素的同时,需要注意以下三点:其一,创业成功是多因素共同作用的结果,要注重团队合作,在"情感"和"利益"上实现自我超越。其二,学会发现并把握创业资源,提高收集信息的能力,并学会从中获取有效信息。其三,每段成功的创业经历都是不可以完全复制的,我们要学习和借鉴别人的经验,探索适合自己的创业之路。

---

① 参见宋君玲主编:《大学生创业案例评析》,广东高等教育出版社2018年版。

1. 如果将唐僧师徒四人比喻为一个创业团队，你认为他们分别代表什么角色？

（参考答案）一个理想的团队就应该有类似"唐僧团队"中的四种角色：德者、能者、智者、劳者，德者领导团队，能者攻克难关，智者出谋划策，劳者执行有力。总的来看，唐僧团队最大的特点就是具有互补性，虽然历经九九八十一难，但最终修成了正果。

（1）德者居上。唐僧具备三大领导素质：一是目标明确，善定愿景。二是手握紧箍以权制人。没有权威，也就无法成为领导。三是以情感人，以德化人。领导一定要学会进行情感投资，要多与下属交流、沟通，关心团队成员的衣食住行，望造一种家庭的氛围。

（2）能者居前。孙悟空可称得上是老板最喜欢的职业经理人，他有个性、有想法、执行力很强，也很敬业、重感情，懂得知恩图报，是个非常优秀的人才。

（3）智者在侧。之所以说猪八戒是个智者，完全是站在当今社会的角度。现代社会，员工的压力都很大，如何做一个快乐的人，就要用到猪八戒的人生哲学了。当然，猪八戒的人生哲学，只是我们在遇到挫折时的一种自我解脱，不能成为主流价值观。

（4）劳者居下。沙和尚是个很好的管家，他经常站在孙悟空的一面说服唐僧；但当孙悟空有了不敬的言语时，他又马上跳出来斥责孙悟空，护卫师傅，可谓忠心耿耿，企业对于这样的人，一定要给予恰当的位置。沙和尚忠心耿耿，他是唐僧最信任的人，是老板的心腹，属于那有忠诚度但能力欠缺的人才，老板喜欢用，但如果重用、大用，就会出问题。

总地来说，唐僧团队之所以能取得辉煌的成绩，关键在于这个团队的成员能够优势互补，目标统一，每个成员都能发挥自己的作用，为实现最终目标而努力。[①]

2. 对于校园文化创意产业来讲，校内有哪些资源可以积极发掘？

[①] 参见通识教育规划教材编写组编：《大学生就业与创新创业教程（慕课版）》，人民邮电出版社2019年版。

第六章 欲取必予——市场营销

《道德经》三十六章曰："将欲夺之，必固与之。"《周书》曰："将欲败之，必姑辅之；将欲取之，必姑与之。"释义是要想夺取些什么，得暂且先给些什么，即先付出代价以诱使对方放松警惕，然后找机会夺取。若在市场营销中应用欲取必予的思想，则可达到预期的效果。

学习目标

让学生认识市场营销的内涵，理解市场营销对创业企业中的重要作用，领会市场营销对企业运作的重要意义，了解"欲取必予"的市场营销法则，进而了解市场细分下的目标市场和优势定位，了解4P营销策略，使学生认识到营销是一门艺术。创业者要想取得成功，就必须善于营销，把企业的产品或服务销售出去。

知识导图

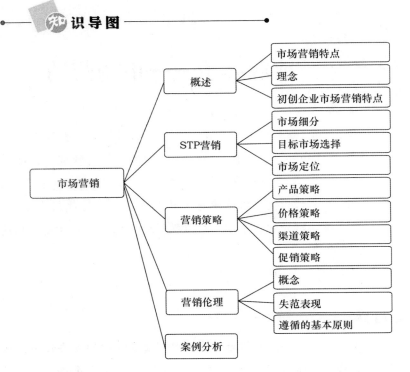

课程导入 自我创新意识评估测试

演示课件让学生讨论一个成功的营销人员必须具备的个性特征。

> 结果导向　　　　　　　　　　　　> 动机强烈

> 自信　　　　　　　　　　　　　　> 职业形象

> 诚实　　　　　　　　　　　　　　> 可靠

> 了解自己的产品　　　　　　　　　> 虚心倾听

> 热情大方　　　　　　　　　　　　> 善解人意

> 善于沟通　　　　　　　　　　　　> 和蔼可亲

> 礼貌周到　　　　　　　　　　　　> 灵活机动

> 主动接近顾客

第六章 欲取必予——市场营销

课程导入

教学活动（理论环节）：

相关讨论：

（1）让学生举出几个他们所了解的营销人员的例子，并分析这些营销人员是否具备以上所提及的个性特征，从而让学生懂得在一家小企业中，创业者也可以是主要的营销人员。

（2）让学生识别并解释演示课件中所列出的个性特征，并指出哪些是创业者和营销人员的相似之处。

活动总结：

企业的成功在很大程度上取决于营销艺术。如果创业者能够利用各种机会来服务客户，满足他们的需求并解决他们的问题，那么客户会因此而感到满意，并将继续购买这家企业的产品或服务，甚至向其他客户推荐。无论是哪种类型的企业，创业者都不能仅仅专注于生产产品或服务，还必须专注于把产品或服务销售出去。从这个意义上说，创业者也是销售员，因为他们要不断地把产品或服务销售给大众。不管走到哪里或者在做些什么，他们都必须展现出良好的销售员形象。

企业要想获得成功，仅仅拥有各种优质产品和服务是远远不够的，还必须让顾客购买这些产品和服务。只有当企业所提供的产品和服务能够给顾客带来实实在在的利益的时候，顾客才会花钱购买。

在创造、沟通、传播和交换产品过程中，营销人员为顾客、客户、合作伙伴以及整个社会带来经济价值，并针对市场开展经营活动，这一销售行为称为市场营销。

世界著名的管理大师彼得·德鲁克说，企业存在的唯一目的是创造顾客，并保留客户。企业的目标不是销售产品，也不是赚多少钱。[①]

企业经营的目标不是销售产品，也不是利润，那是什么？从《道德经》的

---

① 参见〔美〕Philip Kotler、Gary Armstrong：《市场营销原理》（第7版），赵平等译，清华大学出版社1999年版。

课程导入

角度来看，是满足客户需要，解决顾客的问题。顾客的问题解决了，顾客才愿意付钱，才有公司持续的盈利能力，这其实也是互联网思维的源头。小米、QQ、微信、淘宝都是以用户为中心，选择把大部分产品和服务的性价比做高，甚至基础服务都是免费的，而不是简单地聚焦在销售目标和利润上，当他们拥有海量用户之后，才开始销售产品，赚取利润，这时销售目的则很容易达成。如何创造顾客、如何保留顾客这两点才是企业最应该研究的核心目标，这正是对应了老子说的"将欲夺之，必固与之"。优秀的企业无一不符合老子提出的这个原则。

一、市场营销特点

市场营销的第一目的是创造顾客，获取和维持顾客；

其次，要从长远的观点来考虑如何有效地战胜竞争对手，立于不败之地；

再次，注重市场调研，收集并分析大量的信息，只有这样才能在变化的环境和市场情况下作出正确的决策；

最后，积极推行革新，其程度与效果成正比。

在变化中进行决策，要求决策者有很强的能力，要有像企业家一样的洞察力、识别力和决断力。

二、市场营销理念

市场营销理念以满足顾客需求为出发点，即"顾客需要什么，就生产什么"。尽管这种思想由来已久,但其核心原则直到 20 世纪 50 年代中期才基本定型,当时社会生产力迅速发展,市场趋势表现为供过于求的买方市场,同时广大居民个人收入迅速提高,有可能对产品进行选择,企业之间围绕市场占有率竞争加剧,许多企业开始认识到,必须转变经营观念,才能求得生存和发展。市场营销理念认为,实现企业各项目标的关键在于明确目标市场的需要和欲望,并且比竞争者更加有效地传送目标市场所期望的物品或服务。市场营销理念的出现,促使企业经营观念发生了根本性变化,是市场营销学上的一次革命。

市场营销理念与推销观念有很大的差别。西奥多·莱维特曾对推销观念和市场营销理念作过深刻的比较并指出:推销观念注重卖方需要,市场营销理念则注重买方需要。推销观念以卖主需要为出发点,考虑如何把产品变成现金;而市场营销理念则考虑如何通过制造、传送产品以及与最终消费产品有关的所有事物,满足顾客的需要。可见,推销观念的四个支柱是:工厂、产品导向、促销和盈利。市场营销理念的四个支柱是:市场中心、顾客导向、协调的市场营销和利润。从本质上说,市场营销理念是一门以顾客需要和欲望为导向的哲学,是消费者主权论在企业市场营销管理中的体现。

企业营销的核心是顺应人性的规律,也就是说,没有营销,只有人性,一切都要顺应人性的规律。再回到老子的"将欲取之,必固与之",人性的本能是趋利避害,如果能让你的顾客获益,顾客就会持续购买。

三、 初创企业的市场营销特点

初创企业并非成熟大企业的小版本,其所处环境、思维方式、行为特征等与成熟大企业都大不相同。成熟大企业的目标是追求结构稳定,提高已有资源的收益;而初创企业的首要任务是摆脱生存困境,迅速积累资金,并整合各种资源,以超前的认知和行动,积极从事产品和市场的创新,同时依赖创造性的营销手段，迅速打开局面。因此，通过分析，初创企业的营销特征主要表现在以下几方面：

1. 初创企业营销的首要任务是生存

初创企业往往没有市场基础，也没有足够的现金流支撑其长线经营，这就要求它们在更短的时间内迅速打开市场，获得客户认同，摆脱企业生存困境。这就使得其对市场份额的追求变得最为紧迫。

2. 初创企业营销的目标具有阶段性

初创企业营销各个阶段的目标和任务都不一样。成功的初创企业营销可能需要历经凝聚创业团队项目创意营销阶段、吸引投资者关注的商业计划营销阶段、寻求市场认同的产品/服务营销阶段以及塑造品牌形象的企业营销阶段等。

3. 初创企业营销以机会为导向

初创企业因为内部资源有限，生存能力较差，外部环境的细微变化都可能影响企业的存亡。因此，初创企业的营销人员不能受制于企业的资源，也不能拘泥于固定的思维模式，而应该着眼于企业的未来发展机会，积极探索新方法来赢得客户，并具有很强的资源整合能力，以创新性的手段，最大限度地调动外部资源。

4. 初创企业营销更加注重关系

初创企业拥有较低的市场知名度，其营销人员往往也就是创业者，并非营销专才，初期也没有设立专门的营销部门予以协助。因此，一些通行的营销法则和营销方案对于初创企业的适用性可能较弱。在实际营销过程中，创业者往往更依赖于亲戚、朋友或企业战略联盟组成的网络关系来实施营销。

5. 初创企业营销策略灵活多变

初创企业初期所处的营销环境一般来说比较动荡，具有很大的不确定性，这就要求创业者的营销策略必须更加灵活。一方面,其灵活多变的特征有助于创业者积极发挥优势,促进企业快速成长;另一方面,营销策略既要高度灵活,又要内在一致,自然也加大了实施的难度。

四、STP 营销

STP 营销包含市场细分、选择目标市场和市场定位,是战略营销的核心内容。STP 理论是指企业在一定的市场细分的基础上,确定自己的目标市场,最后把产品或服务定位在目标市场中的确定位置上。

在市场调研和预测的基础上,将整个市场划分为几个不同的购买群体,向不同的群体销售不同的产品或提供不同的服务。

市场由购买者组成,他们各不相同,不同之处可能体现在愿望、资源、居住地区、购买行为和购买方法方面。因为购买者有自己的需要和愿望,每个购买者代表着一个可能的市场,最好的情况下,销售者为每个购买者设计一个营销计划。例如,波音公司只为不多的客户制造飞机,它用这种方式设计产品和营销计划,从而满足每个客户的需要。而通用汽车公司发现高收入和低收入群体的买车需求和愿望是不同的,因此为不同收入和年龄的群体设计了不同的汽车。

1. 市场细分的含义

市场细分也称市场细分化,由美国的温德尔·斯密于 20 世纪 50 年代中期提出。所谓市场细分,是指根据整体市场上顾客需求的差异性,以影响顾客需求和欲望的某些因素为依据,将一个整体市场划分为两个或两个以上消费者群体,每一个需求特点相类似的消费者群体构成一个细分市场。各个不同的细分市场,即消费者群体之间存在明显的需求差别。[1]

---

[1] 参见吕一林、冯蛟主编:《现代市场营销学》,清华大学出版社 2012 年版。

2. 市场细分的实施步骤

例如，某共享单车公司对从未使用过共享单车的人很感兴趣（细分标准是顾客的体验），而从未使用过共享单车的人又可以细分为看好但还没尝试使用的人，对共享单车不看好的人（细分标准是态度）。在持肯定态度的人中，又包括会使用智能手机的年轻人（细分标准是年龄），于是这家共享单车公司就把力量集中在那些对使用共享单车持肯定态度，只是还没有使用共享单车但会使用智能手机的年轻人群体。可见，市场细分包括以下步骤：

（1）选定产品市场范围。创业企业应明确自己在行业中的产品市场范围，并以此作为制定市场开拓战略的依据。

（2）列举潜在顾客的需求。创业企业可从地理、人口、心理等方面列出影响产品市场需求和鼓励购买行为的各项因素。

（3）分析潜在顾客的不同需求。创业企业应对不同的潜在顾客进行抽样调查，并对所列出的需求变数进行评价，了解顾客的共同需求。

（4）制定相应的营销策略。调查、分析、评估各细分市场，最终确定可进入的细分市场，并制定相应的营销策略。

营销人员的目标是将一个市场的成员按照某种共同的特性划分成不同的群体。市场细分经历三个阶段：首先，因为数据是现成的，调研人员采用基于人口统计学信息的市场细分方法，认为不同的人员由于年龄、职位、收入和所受教育不同，消费模式也会有所不同。然后，调研人员增加了消费者的居住地、房屋拥有类型和家庭人口数等因素，形成了基于地理人口统计学信息的市场细分方法。最后，人们又发现基于人口统计学方法作出的同一个市场细分下，还是存在着不同的消费模式。于是，调研人员根据消费者的购买意愿、动机和态度，采用了基于行为科学的方法来进行分类。这种方法的一种形式是基于惠益的市场细分方法，划分依据是消费者从产品中寻求的主要惠益。另一种形式是基于心理描述图的市场细分方法，划分依据是消费者生活方式的特征。[①]

[①] 参见刘建堤、梁东主编：《市场营销原理》，清华大学出版社 2011 年版。

另外，企业可以利用互联网进行市场细分。例如，那些针对新生儿母子、零食类、老年人等细分市场的网站，预计未来还会有更多服务于特定群体的网站，为客户提供信息、购物和互动机会。

网络销售商开始建立一种数据仓库，把客户的名字、前景以及其他很多信息输入其中，营销人员在数据仓库中进行数据挖掘以发现新的市场细分和利基；之后，他们将特定的市场供给品提供给潜在客户，这是经典的市场细分。

例如，上海帝亚实业有限公司主要的利润来源于公司一直定位的专业团购供应商的身份，做上游和下游之间的纽带，同时加快第三方平台的开发，拓宽销售渠道，专做零食类细分市场，做互联网爆款零食产品，在行业内排名前列，实现了公司的高速增长。

3. 选择目标市场

著名市场营销学者麦卡锡提出应当把消费者看作一个特定的群体，称为目标市场。市场细分，有利于明确目标市场；市场营销策略的应用，有利于满足目标市场的需要。即对目标市场进行细分后，企业选择对本企业具有吸引力的一个或几个细分市场作为自己的目标市场。

（1）选择目标策略

选择目标市场一般运用下列三种策略：

① 无差异营销策略

无差异营销策略指企业不进行市场细分，而把整体市场作为目标市场。它强调市场需求的共性，忽略其差异性。企业为整个市场设计生产单一产品，实行单一的市场营销方案和策略，迎合绝大多数顾客的需要。

无差异营销策略的优点是品种单一，适合大批量生产，发挥规模经济的优势，可以降低生产、存货和运输成本，缩减广告、推销、市场调研和市场细分的费用，进而以低成本在市场上赢得竞争优势；缺点是应变能力差，一旦市场需求发生变化，难以及时调整企业的生产和市场营销策略，特别是在产品生命周期进入成熟阶段后，显得竞争手段过于单一，因而风险较大。该策略适用于资源雄厚的企业生产,通用性、适应性强,差异性小,市场类似性较高且具有广泛需求的产品,如标准件、通用设备以及不受季节、生活习惯影响的日用消费品。

② 差异性营销策略

差异性营销策略指企业对整体市场进行细分后选择两个或两个以上,甚至所有细分市场作为目标市场,并根据不同细分市场的需求特点分别设计、生产不同的产品,采取不同的营销组合手段,制定不同的营销组合策略,有针对性地满足不同细分市场顾客的需求。

差异性营销策略的优点是市场适应性强,能够针对性地满足不同顾客群体的消费需求,扩大市场范围,提高产品的竞争力,增强市场经营抗风险能力。缺点是由于小批量、多品种生产,要求企业具有较高的经营管理水平;由于品种、价格、销售渠道、广告、推销的多样化,生产成本、研发成本、存货成本、销售费用、市场调研费用相应增加,降低了经济效益。所以在选择差异性营销策略时要慎重,应比较分析运用此策略获得的经济效益是否能够抵消或超过成本。

③ 集中性营销策略

集中性营销策略是指在市场细分的基础上,选择一个或少数几个细分市场作为企业的目标市场,经营一类产品,实施一套营销策略,集中企业的资源和实力为之服务,争取更大的市场份额。

集中性营销策略特别适合资源有限的小企业,如刚刚进入某个新领域的企业或初创企业。这一策略的优点是能够发挥企业有限的资源优势,集中资源在局部市场的竞争中取得有利地位,获得营销成功;缺点是对单一和窄小的目标市场依赖性太大,一旦目标市场突然发生变化,企业周旋余地小,风险大,可能陷入严重困境,甚至倒闭。

三种目标市场策略各有利弊。选择目标市场时,必须考虑企业面临的各种因素和条件,如企业规模和原料的供应、产品类似性、市场类似性、产品寿命周期、竞争的目标市场等。

选择适合本企业的目标市场策略是一项复杂多变的工作。企业内部条件和外部环境在不断发展变化，经营者要不断通过市场调查和预测，掌握和分析市场变化趋势与竞争对手的条件，扬长避短，发挥优势，把握时机，采取灵活的适应市场态势的策略，争取较大的利益。

（2）评估细分市场

评估不同的细分市场的时候，企业必须注意三个因素：细分市场的规模与发展、细分市场的结构优势，以及企业的目标和资源。

① 细分市场的规模与发展

企业必须收集分析有关数据，包括目前细分市场的销售量、增长率和期望利润。企业会对有良好规模和正在发展的细分市场有兴趣。但适当的规模和发展是相对而言的，一些企业注重销售量大、增长率和利润高的细分市场，但是规模大、增长迅速并不是对每个企业都有吸引力。有些小企业可能发现缺少熟练人员和资源去为大的细分市场提供服务，或者这些细分市场竞争性太强，于是就会选择较小的、吸引力较差但对企业来讲更有利可图的细分市场。

② 细分市场的结构优势

一个细分市场可能有理想的规模和发展，但就盈利而言，它可能缺乏优势。企业必须检验多个影响长期细分市场优势的主要结构因素。例如，一个细分市场如果已经有许多强有力的竞争者，就会缺乏优势。细分市场如果有许多替代产品或潜在替代产品，就会影响价格和盈利。另外，购买者的实力也会影响细分市场的优势。如果细分市场中的购买者具有很强的讨价实力，能迫使对方降低价格，提出更多的质量和服务方面的要求，并使竞争者互相"争斗"，就会影响销售者的利益。最后，如果细分市场中有强大的供应商，能左右价格、质量、供应量，这个细分市场就是没有优势的。供应商规模较大且集中，周围没有替代产品，或是供应重要物资时，就显得势力十分大。

③ 公司的目标和资源

即便细分市场有适当的规模和发展并且具有结构优势，企业也要结合细分市场，考虑自己的目标和资源情况。许多有优势的细分市场很快被抛弃，就是因为与企业的长期目标不一致。这样的细分市场可能本身具有吸引力，但会分散企业的注意力和资源，使公司偏离目标；或者从环境、政治、社会责任角度来看，选择这些细分市场是一种错误。例如，近来一些企业和行业受到批评，说它们用存在问题的产品和方法，不公平地瞄准了一些易受伤害的细分市场，比如儿童、老年人、低收入的少数民族或其他人群等细分市场。

如果一个细分市场符合企业的目标，企业就要判断是否具有能力和资源在该细分市场上取胜。假如企业不能保证自己有能力参加竞争并取胜，就不应该进入该细分市场。即使企业具有各种必备的实力，也需要在人力和物力上优于竞争者。只有企业提供的价值和拥有的优势超过对手，才适宜进入细分市场。

4. 市场定位

企业应为本企业的产品确定在市场上竞争的有利地位，即在目标顾客心目中树立起适当的产品形象，做好市场定位工作。一旦企业决定进入市场的哪部分细分市场，就需明确在这些细分市场中的定位。

（1）定义

市场定位，就是针对竞争者在现有市场上所处的位置，根据消费者或用户对该产品某一属性或特征的重视程度，为产品设计和塑造有特点的个性或者形象，并通过一系列营销活动把这种个性或形象强有力地传达给顾客，从而确定该产品在市场上的位置。

（2）企业如何进行市场定位

企业的市场定位工作一般应包括三个步骤：

① 调查研究影响定位的因素

适当的市场定位需建立在市场营销调研的基础上，必须先了解影响市场定位的各种因素，主要包括：

一是竞争者的定位状况；

二是目标顾客对产品的评价标准；

三是目标市场潜在的竞争优势。

② 选择竞争优势和定位战略

企业通过与竞争者在产品、促销、成本、服务等方面的对比分析，了解自己的长处和短处，从而认定自己的竞争优势，进行恰当的市场定位。市场定位

的方法有很多,且还在不断开发中,主要包括七种:

一是特色定位,即从企业和产品的特色上加以定位;

二是功效定位,即从产品的功效上加以定位;

三是质量定位,即从产品的质量上加以定位;

四是利益定位,即从顾客获得的主要利益上加以定位;

五是使用者定位,即根据使用者的不同加以定位;

六是竞争定位,即根据企业所处的竞争位置和竞争态势加以定位;

七是价格定位,即从产品的价格上加以定位。

③ 准确地传播企业的定位观念

企业在作出市场定位决策后,还必须大力开展广告宣传,把企业的定位观念准确地传播给潜在购买者。

(3) 可供企业选择的市场定位战略

① "针锋相对式" 定位

这种定位战略即把产品定位在与竞争者相似的位置上,通过竞争者争夺同一细分市场。选择这种定位战略的企业和市场必须具备以下条件:

一是该企业能比竞争者生产出更好的产品;

二是该市场容量足够吸纳这两个竞争者的产品;

三是该企业比竞争者具有更多的资源和实力。

② "填空补缺式" 定位

这种定位战略即寻找新的尚未被占领但为许多消费者所重视的位置,也就是填补市场上的空位。一般在两种情况下选择这种战略:一是这部分潜在市场即市场营销机会没有被发现,在这种情况下,企业容易取得成功;二是许多企业发现了这部分潜在市场,但无力去占领,这就需要有足够的实力才能取得成功。

③ "另辟新径式" 定位

当企业意识到自己无力与同行业强大的竞争者相抗衡从而获得绝对地位时,可根据自己的条件取得相对优势,即突出宣传自己与众不同的特色,在某些有价值的产品属性上取得领先地位。

企业会发现，找到好的定位战略要比实施这个战略容易得多，实施或改变市场定位要花很长一段时间，有时已经形成的定位会很快失去作用。企业一旦在市场中有了一定的位置，就要通过持续的努力和交流来保持。针对一些变化，企业时常要调整自己在市场中的位置，以适应客户的需要和竞争对手的战略。但是，公司应该避免那些使消费者感到迷惑的变化，在适应变化中的市场环境时，对于一个产品的定位，应该逐步调整。

五、营销策略

市场营销策略是企业以顾客需要为出发点，根据经验获得顾客需求量以及购买力的信息、商业界的期望值，有计划地组织各项经营活动，通过相互协调一致的产品策略、价格策略、渠道策略和促销策略，为顾客提供满意的产品和服务从而实现企业目标的过程。

初创企业的营销与成熟企业的营销不同。成熟企业的营销策略是建立在有自己的品牌和形象、有雄厚的资金、有完善的销售渠道、有市场、有人才、有口碑、有自己特定的忠实顾客群等基础之上的，而这一切正是初创企业所缺乏的。初创企业要想走向成功，必须精心设计独特的营销策略。

1. 产品策略

产品策略是市场营销 4P 组合的核心，是价格策略、分销策略和促销策略的基础。产品策略是指企业制定经营战略时，首先要明确企业能提供什么样的产品和服务以满足消费者的需求，也就是要解决产品策略问题。从一定意义上讲，企业成功与发展的关键在于产品满足消费者需求的程度以及产品策略正确与否。

2. 价格策略

价格策略是给所有买者规定一个价格，这是一个比较近代的观念。价格是决定企业市场份额和盈利率最重要的因素之一。在营销组合中，价格是唯一能产生收入的因素，其他因素表现为成本。创业企业在开发出新产品，完成包装、品牌设计后，就需要给这个产品制定合适的价格。一个企业不是制定一个价格，而是一组价格，去适应它的一系列产品。根据市场研究及产品本身的特点，创业者可采用不同的定价策略。

（1）定价策略

定价策略是市场营销组合中一个十分关键的组成部分。企业定价的目标是促进销售，获取利润。这要求企业既要考虑成本的补偿，又要考虑消费者对价格的接受能力，定价在产品生命周期的不同阶段常常要改变，尤其是产品的新生期极具挑战性。对于新产品通常可采用以下几种基本定价策略：

① 撇脂定价。这是一种高价策略，即在新产品投放市场的初期，利用消费者求新、求奇的心理动机和竞争对手较少的有利条件，以高价销售产品，在短期内获得尽可能多的利润；以后随着产量的扩大、成本的下降、竞争对手的增多，再逐步降低价格。

② 渗透定价。这是一种低价策略，即在新产品上市初期，将产品价格定得低于人们的预期价格，给消费者以价廉物美的感觉，借此打开销路，占领市场。这种策略适用于资金实力雄厚、生产能力强、在扩大生产以后有降低成本潜力的企业，或者新技术已经公开、竞争者纷纷仿效生产和需求弹性较大、市场上已有代用品的中、高档消费品。

③ 满意定价。这是一种适中价格策略，即在新产品刚进入市场的阶段，将价格定在介于高价和低价之间，力求使买卖双方均感到满意。满意定价策略适用于需求价格弹性较小的生活必需品和主要的生产资料。

（2）价格调整策略

价格调整策略是指企业在市场营销活动中，根据市场状况、企业条件等价格影响因素的变化适时修订和调整产品基本价格的手段。公司通常会调整基础价格，以便适应不同消费者和变化着的形势。通常有以下几种价格调整策略：

① 折扣定价策略。折扣定价策略是指企业根据销售对象、销售时间和地

点、成交方式等的不同制定不同的折扣,以价目表上的价格减去折扣之后作为实际成交价格的定价策略。在现在的生活中,应用广泛的折扣定价策略主要有现金折扣、数量折扣、功能折扣、交易折扣、季节折扣等策略。

② 细分市场定价策略。企业以不同的价格向不同的消费者销售相同或类似的产品。其中,顾客差别是对不同的顾客群收取不同的价格;地点差别是对不同区域的产品确定不同的价格;时间差别是对不同时间提供的产品确定不同的价格。

③ 心理定价策略。心理定价策路是指企业在定价时,考虑消费者购买时的心理因素,制定相应的商品价格,以满足不同类型消费者的需求,从而扩大市场销售量的一种定价策略。它是定价的科学性与艺术性的结合,一般包括尾数定价、整数定价、习惯定价、声望定价、招定价等策略。

④ 促销定价策略。使用促销定价方法,企业可以暂时将价格定得低于标准价格,有时甚至可以低于成本。促销定价方法有几种形式:超级市场和百货商店对少数产品的定价采取先赔策略,吸引顾客来商店,同时希望他们按标准价格购买其他产品。销售者有时也使用特殊事件定价策略,在特殊时节吸引顾客来店里。

3. 渠道策略

渠道策略包括渠道的拓展方向、分销网络建设和管理、区域市场的管理、营销渠道自控力和辐射力的要求。分销渠道是指产品从生产向消费者或用户转移时经过的通道,这一通道由一系列的市场中介机构或个人组成。渠道的起点是生产者,终点是消费者或用户,中间环节有各类批发商、零售商、代理商、经纪人和实体分销机构。

初创企业由于自己的产品或品牌缺乏一定的知名度,要想在激烈的消费品市场上争得一席之地,有一定的难度。初创企业可先从渠道的规划做起,逐步建立属于自己的销售领地。

(1) 分销渠道的职能

分销渠道将货物从生产者处送到消费者手中。它消除了产品、服务与使用者之间在时间、地点和所有权上的主要差距。渠道成员承担许多关键工作，以帮助完成交易：

① 信息：收集和发布各单位市场研究和情报方面的信息，这些信息对适应环境，进行计划和调整很有必要。

② 促销：开发和发布有关广告信息。

③ 交流：寻找并与潜在消费者进行交流。

④ 调整：为适应消费者进行调整，包括制造、定级、组装和包装。

⑤ 谈判：达成有关价格、产品、服务的协议，完成所有权或使用权的转换。

⑥ 实体分销：运输和储存货物。

⑦ 财务业务：获得和使用资金，补偿分销渠道的成本。

⑧ 承担风险：承担分销渠道工作的风险。

(2) 分销渠道的设计步骤

一个新企业通常在一个有限的市场开始销售。由于资金限制，企业通常只在一个市场使用少数几个中介机构，比如少数制造商代理商、批发商、零售商、卡车运输公司、仓库等。这时确定一个分销渠道并不难，可能只需要确定用一个还是几个中间商。

① 分析消费者在服务方面的需求。设计分销渠道的工作要从不同细分市场的消费者价值开始，确定什么渠道能给消费者带来这些价值。

② 制定分销渠道目标和限制条件。分销渠道目标应该由目标消费者需要的服务水平来决定。企业通常能够发现几个细分市场需要不同水平的渠道服务。企业应该决定为哪个细分市场服务，并决定各种情况下最好的分销渠道。在每个细分市场中，企业需要满足消费者对服务的需要，并最大限度地降低渠道成本。分销渠道目标受许多因素影响，包括产品性质、公司政策、市场营销中介机构、竞争者和环境。

③ 选择主要分销渠道。当企业确定了分销渠道目标后，应该进一步选择主要分销渠道，包括中介机构的种类、中间商的数量及各个渠道成员的责任。

④ 评估主要分销渠道。企业选择几个分销渠道后应从中选择一个最符合

企业长期目标的分销渠道，企业必须评估所有的分销渠道，考虑经济、控制以及适应性方面的问题。

4. 促销策略

促销是促进销售的简称，意指营销人员通过各种方式将有关企业及产品的信息传递给消费者或用户，影响并说服其购买某项产品或服务，或促使潜在顾客对该企业及其产品产生信任和好感的活动。现代促销方式可分为人员促销和非人员促销两大类。人员促销指派出推销员直接访问潜在顾客；非人员促销又分为广告、营业推广和公共关系等多种方式。促销组合，是对这几种促销方式进行选择、运用与搭配的策略，同时还要决定促销预算的分配。

大部分初创企业面临的问题是产品及其品牌不为消费者所认知，更谈不上企业被社会所认知，所以创业营销最希望做到的就是投入少、见效快，所采取的策略应当集中在能马上吸引顾客的促销手段和保证良性循环的销售方式上。

（1）人员推销

人员推销是指通过销售员深入中间商或消费者进行直接的宣传介绍活动，使其采取购买行为的促销方式。人员推销是面对面直接传递信息，说服的效果最好。与广告相比，它有三个最显著的特点：一是灵活，由于是直接接触，可就近观察到目标顾客的态度和需要，随时调整自己，对产品作尽可能详细的解释；二是促进买卖双方建立友谊，保持长期联系；三是推销人员能及时得到购买与否的反馈。因此，对某些产品来说，人员推销是最有效的促销方式，特别是在取得顾客信任、建立顾客偏好和促成购买行为方面，效果更为突出。不过，人员推销也是最昂贵的一种促销方式。

（2）广告

广义的广告指一切利用大众传媒向公众传递信息的活动，包括经济的和非经济的两大类，后者如公益广告。狭义的广告专指企业通过各种付费传媒向目标市场和社会公众进行的非人员式信息传递活动。广告的目的是传播有关企业及产品的信息，促进目标顾客购买。

广告策略包括两种主要因素——产生广告信息和选择广告媒体。以往，大部分企业都是独立地发展信息和媒体计划。媒体计划经常被认为从属于信息产生过程。首先，广告创意部门首先产生优质的广告；然后，媒体部门针对期望的目标接收者选择最好的媒体刊登这些广告。这样导致经常在创意者和媒体计划者之间造成摩擦。现在，大部分企业根据不同的媒体形式，设计不同的产品广告，并且结合媒介融合的特点改变原有的单一广告形式，融合更加多元化的元素。多元化的广告形式和多样的媒体推广，满足了创意生产者对产品广告个性化设计的需要，同时媒体部门也能根据平台差异进行广告投放的自主选择。这样极大减少了创意者和媒体计划者的摩擦，也促进了广告策略朝着整合跨界的方向发展。

（3）营业推广

营业推广是企业在某一段时间内采用特殊的手段或方法对消费者或中间商进行强刺激，包含短期激励以鼓励购买或销售产品和服务。营业推广包括各式各样用以刺激提前或较强的市场反应的促销工具。它包括消费者促销——样品、赠券、购后退款、减价优待、奖励、比赛及其他；中间商促销——购买折让、免费赠品、商品折扣、合作广告、推销奖金、经销商销售竞赛；销售人员促销——奖金、比赛、推销大会。

（4）公共关系

公共关系是企业通过利用新闻媒体宣传和积极参与社会公益活动等措施，树立自己良好的公众形象，增进公众的信任与支持，从而扩大销售的一种促销方式。公共关系是一种间接的促销方式，并不要求达到直接的销售目标，但它对企业仍具有特殊意义，原因在于多数人认为新闻报道较广告而言更为客观、可信。获得有利的宣传和创造一个有利的公司形象是用得最少的主要促销工具，虽然它在建立认知和偏好方面有很大的潜力。

5. 企业不同阶段的营销

营销组合策略包含产品策略、价格策略、促销策略、营销渠道策略四个策略，如何巧妙地将这四个策略密切组合，以树立企业品牌、达成销售，是制定营销组合策略的目的。营销是一门动态的科学，由于有太多的变数影响着营销的成效，因此营销组合策略没有既定的最佳方案，最佳的组合方案要视市场现状自己去制定，企业在不同成长阶段有各自的成长特点，要采取不同的营销组合策略，以适应企业成长各阶段的不同要求，达到企业营销战略的目标。

（1）创业期的营销组合策略

创业期如果企业选择建立自己的品牌，就要在创业一开始就树立极强的品牌意识，对品牌进行全面规划，在企业的经营、管理、销售、服务、维护等多方面都以创立品牌为目标，不仅仅依赖传统的战术性方法，如标志设计和传播、媒体广告、促销等，而且侧重于品牌的长远发展。因此，企业在创业期除了要尽快打响品牌的知名度外，关键的问题是要确立品牌的核心价值，给顾客提供一个独特的购买理由，并力争通过有效的传播与沟通让顾客知晓。

尽管品牌化是商品市场发展的大趋势，但对单个企业而言，是否要使用品牌还必须考虑产品的情况和顾客的实际需要，尤其对实力较弱的创业型企业来说，受企业规模、人员、资金、时间的制约，对于在生产过程中无法形成一定特色的产品，或由于产品同质性很高，顾客在购买时不会过多注意品牌的产品，无品牌化策略不失为一个可选的方法，这样可以节省费用，扩大销售。

（2）成长期的营销组合策略

当企业步入成长期后，提高品牌的认知度、强化顾客对品牌核心价值和品牌个性的理解是企业营销努力的重点。其中最重要的途径是加强与顾客的沟通。顾客是通过各种接触方式获得信息的，既有通过各种媒体的广告、产品的包装、商店内的推销活动来接触的，也有通过产品、售后服务和邻居朋友的口碑来接触的，因此，企业要综合协调地运用各种形式的传播手段来建立品牌认知，为今后步入成熟期打下良好的基础。建立、提高和维护品牌认知是企业争取潜在顾客、提高市场占有率的重要步骤。

成长期的企业由于资源相对于消费需求的多样性和可变性总是有限的，不可能满足市场上的所有需求，因此企业必须针对某些自己拥有竞争优势的目标市场进行营销。品牌定位是企业以满足特定目标顾客群的与产品有关联的独特心理需求为目的，并在同类品牌中建立具有比较优势的品牌策略。它通过锁定目标顾客，并在目标顾客心目中确立一个与众不同的差异化竞争优势和位置，连接品牌自身的优势特征与目标顾客的心理需求。在当今这个信息过度膨胀的社会，只有有效运用定位这种传播方式和营销策略，才能使品牌在激烈的竞争中脱颖而出。这样，一旦顾客有了相关需求，就会开启大脑的记忆和联想之门，自然而然地想到该品牌，并实施相应的购买行为。

（3）成熟期的营销组合策略

企业进入成熟期后，在市场上已经站稳了脚跟，但由于竞争者的大量加入和产品的普及，竞争变得尤为激烈。因此，企业应当根据成熟期的市场、产品、竞争特点，提升企业品牌的忠诚度，进行适当的品牌延伸。

企业在成熟期由于竞争者的大量涌入，通过建立品牌组合，实施多品牌战略，尽可能多地抢占市场，避免风险。实行多品牌，可以使每个品牌在顾客心里占据独特的、适当的位置，迎合不同顾客的口味，吸引更多的顾客，能使企业有机会最大限度地覆盖市场，使竞争者感受到现有品牌在每一个细分市场都有进入的障碍，从而限制竞争者的扩展机会，有效地保证企业维持较高的市场占有率。但是企业实施多品牌战略，有可能会面临跟自己竞争的局面，抢自己原有品牌所占的市场份额。因此最有成效的多品牌策略是使新品牌打入市场细分后的各个细分市场中。这种策略的前提是市场可以细分，一个成功的企业往往会利用市场细分，为重要的新品牌创造机会。

六、营销伦理

营销伦理是指对营销策略、营销行为及机构道德的判断标准。营销主体在从事营销活动中应具有基本的道德准则，即判断企业营销活动是否符合消费者及社会的利益，能否给广大消费者及社会带来最大幸福的一种价值判断标准。企业与消费者和社会的关系，最主要的是经济关系，直接表现为某种利益关系，这种关系的正确处理，除依靠法律外，还需要正确的伦理观念指导。

市场竞争的结果是优胜劣汰。这就要求企业提高整体素质，包括提高营销伦理水平，运用现代营销思想来开展营销工作。但目前有相当数量的企业为了追求眼前利益，不去增加科技投入，提高生产率，降低成本；不去加强全面管理，提高产品质量，增强竞争力，而是在营销中采取各种卑劣的手段，投机钻营，造成营销伦理的严重丧失。究其本质，这些企业缺少法律、道德意识，是严重的利己主义思想在支配着它们的营销活动。具体来说，我国企业营销伦理失范主要表现在以下几个方面：

1. 市场调研的伦理失范

个人隐私保护问题是市场营销伦理中的一个重要方面。通过市场调研，营销商可以获得大量有关顾客的个人数据。由于相当数量的企业缺乏必要的用户隐私保护政策和措施，用户提供的个人身份、联系方式、健康状况、信用和财产状况等信息很容易被窃取和侵犯。甚至个别企业把这些个人信息或有偿或无偿地对外扩散，导致对消费者的隐私构成侵害。此外，企业进行直接市场营销调研时，为充分调动公众参与的积极性，通常会有一定的馈赠承诺，但有些承诺并没有得到兑现。

2. 产品策略的伦理失范

产品质量低劣、计划性淘汰产品、品牌冒充、包装信息不真实、产品认证虚假等问题一直是产品策略方面存在的首要伦理问题。消费者购买产品时追求货真价实，而一些企业对产品的真实信息故意夸大或隐瞒，如通过假"年份酒"牟取暴利的葡萄酒；在追求市场份额和销售量时，部分企业盲目地计划性淘汰产品，即故意使产品在实际需要升级换代前就过时，而未考虑消费者是否真正需要或能否承担由此造成的购买费用的增加；在产品包装方面，某些企业故意用非正常尺寸的包装来吸引消费者的眼球，造成价格比较的困难，如用凹底瓶来装饮料给消费者造成错觉；在品牌冒充方面，相当数量的企业故意在品牌上造成细微差别以使消费者混淆,如市场上出现的"傲立奥""奥利客"和"傲利傲"品牌(都冒充"奥利奥"品牌)。

3. 分销策略的伦理失范

分销策略中的伦理失范主要涉及两个方面:一是生产商与中间商之间的问题。如生产商与中间商未能完全履行相关经营合同,或者生产商供货不及时或供货不足,或者对渠道成员进行过分压榨,或者中间商返款不及时。二是经销商与消费者之间的问题。一方面,消费者要求经销商遵循商业伦理;另一方面,过多的空口承诺、误导信息、"价格同盟"以及产销双方相互推诿责任,却仍然在坑害消费者。

4. 促销策略的伦理失范

由于信息不对称,企业促销时往往夸大产品的特色或性能,引诱或操纵消费者购买已滞销的廉价货或进行事先内定的抽奖;采用贿赂、送礼、回扣、宴请、娱乐等不正当的行为进行促销,采用有偿新闻等不正当的公共宣传手段。

5. 定价策略的伦理失范

消费者要求企业公平合理地定价,但部分企业采用价格歧视、掠夺性定价、垄断价格等定价策略攫取不正当的高额利润。价格歧视是企业对同一种产品索取两种或两种以上的价格,是企业对其出售的产品进行差别化定价,但这种价格的差异并非是由产品和服务的成本差别造成的,而是由于信息不对称决定的。部分企业甚至故意向消费者宣传虚高的"出厂价"或"批发价",同经销商建立"价格共谋",共同欺骗消费者。

营销伦理应遵循的基本原则有:

1. 诚实守信原则

诚实守信是道德要求的最基础部分,它是企业经商道德的最重要的品德标准，是其他标准的基础。在我国传统经商实践中，它被奉为至上的律条。

诚实守信当今仍应是企业市场营销活动中把握道德界限的重要基础规则，具体应当包括产品质量上要诚实，不假冒；广告中要诚实相告；价格上明码实价，童叟无欺；交易中履行合同责任，信守承诺，以及市场调查数据真实等许多方面。

2. 义利兼顾原则

义利兼顾思想既是西方伦理学在道德评价中主张道义与功利相结合思想的体现，同时与我国传统文化中义利并重的思想也是一致的。义利兼顾思想是处理好利己和利他关系的基本原则。

义利兼顾是指企业获利的同时要考虑是否符合消费者的利益，是否符合社会整体和长远的利益。利是目标，义是要遵守达到这一目标的合理规则。对二者应该同时加以重视，达到兼顾的目标。

3. 互惠互利原则

互惠互利是进一步针对企业营销活动的性质，提出的交易中的基本信条。互惠互利原则要求在市场营销行为中，正确地分析、评价自身的利益，评价利益相关者的利益。对自己有利而对利益相关者不利的活动，由于不能得到对方的响应，无法进行下去。而对他人有利，对自己无利的，又使经济活动成为无源之水，无本之木。企业本身是独立的经济实体，获利应是理所应当的行为，只要不损害他人的利益，有效的经济活动本身就具有伦理性，只有繁荣的企业，才能生产出有意义的产品，创造新的就业机会。

4. 理性和谐原则

理性和谐原则是企业道德化活动所应遵循的原则。

在市场营销中，理性就是运用知识手段，科学分析市场环境，准确预测未来市场发展变化状况，不好大喜功，单纯追求市场占有率而损失利润；或像营销界一直抨击的"秦池"一样，不问自身的生产条件，只为"标王"而付出高昂的代价，最终只能自食恶果。

和谐就是提倡企业的市场营销活动应保持在适度竞争的水平上，过度的竞争会导致资源浪费、两败俱伤的结局。市场营销中的和谐就是正确处理企业与市场各相关利益者的关系，以和睦相处为基本原则，创造出天时、地利、人和的氛围。

上海乐程影像技术有限公司市场营销策略研究

丁同学，大学生自主创业者，2008年获上海大学生科技创业基金会30万元资助（当时最高额），创立了上海乐程影像技术有限公司，2009年获得科技部国家创新基金30万元资助。目前，公司自主研发获得4项影像产品专利，现有280多名员工。据测算，2019年营业额近6000万元。丁同学热心公益，坚持服务社会。早在创业初期，他就向上海教育基金会和东华大学管理学院捐赠了价值不菲的设备；始终践行"以创业促就业"的理念，提供就业岗位260余个；世博会期间，承担了在长达2公里多上海外滩影像服务的工作任务，公司获得了上海世博会先进集体称号，10多名员工获得世博会先进个人称号。丁同学曾先后受到上海市原市长韩正、原副市长杨雄以及教育部原部长袁贵仁等领导的高度肯定。

上海乐程影像技术有限公司（以下简称"乐程"）对所处的环境作了细致的分析，特别对2010年上海世博会的商机作了详细研究，作出改变传统经营思路和商业模式的决策：利用现有技术先一步进军影像服务业，直接进行运营服务。改变原有的营销策略，利用世博会和公益项目平台进行市场营销，取得了较大的成功。具体采取了以下策略：

1. 产品策略

乐程是一家科技型创业企业，没有走先搞技术研发、产品设计制造，然后再进行市场推广这种"技、工、贸"的常规套路。如果采用这一传统经营模式,从产品开发定型,到推广销售形成一定市场规模,至少需要2—3年时间,所需资金至少数百万元,很有可能因为许多不确定的因素而"死"在创业成功前的"黎明"。为此,他们对所处的环境作了细致分析,特别对2010年上海世博会的商机作了详细研断,他们作出决策以改变传统的经营思路和商业模式:利用现有技术先一步进军影像服务业,直接进行运营服务。这样可以不必等产品定型就进入市场运营服务,大大缩减产品开发时间和成本,较快实现了正现金流。乐程通过摄像机把宣传上海世博和宣传新外滩、展示新外滩相结合,让更多的人通过世博来接触上海、了解上海。在世博期间,丁同学的团队仅外滩摄影部就接待国内外游客300余万人次,打印照片150万张,提供免费照片下载147304次,接待电话咨询21332次。此外,还提供影像咨询、道路引导、语言翻译等服务,得到中外游客一致认可和好评,被游客亲切地比喻为外滩上的"小红书"。

2. 渠道策略

乐程拥有上海外滩景区独家经营权,并在东方明珠、上海科技馆、上海欢乐谷、西安兵马俑、毛主席纪念堂等多家景区广泛参与经营,2019年营业额约1亿元。公司300多名员工,绝大部分为高校毕业生,每年仅应届大学生就招近20名。毕业生覆盖众多高校,层次从民营的职业技术学校到国家重点大学毕业生。

初创企业的营销特征主要表现为,初创企业营销的首要任务是生存,目标具有阶段性,以机会为导向,更加注重关系,策略灵活多变。

初创企业要通过STP营销,明确初创企业及产品与竞争者的不同,充分突出其在市场上的新颖性、显著性、差别化的特征。目标市场营销策略的第一步是市场细分,这个步骤把市场分为若干个有明显区别的购买者群体。选择目标市场营销策略的过程包括选择最有潜力的细分市场和决定细分市场策略的实施。企业应先衡量细分市场的规模、发展潜力、结构方面的吸引力,判断细分市场是否与企业的资源和目标相一致。一旦企业选定需要进入的细分市场,就需要进行优势市场定位。市场定位策略指导企业以何种方式占领细分市场。

定价是一个动态的过程。企业需要为自己的全部产品设计一个定价结构。随着时间的推移，不断改变定价结构，以适应不同的消费者和具体情况。选择分销渠道是企业需要面对的带有挑战性的决策问题，所以了解分销渠道的性质是有必要的。分销渠道的主要职能是把货物从生产商送到客户手里，帮助完成交易。促销策略包括四种：即广告、营业推广、公共关系和人员推销，这些方式共同运作完成公司的沟通目标。最后，市场营销中各层次的人必须知道关于营销沟通的相关法律和道德上的问题。因此，为了担负起社会方面的责任，在促销和直接销售等市场营销沟通方面，还需要做许多工作以保证公司符合相关法律和道德要求。

1. 初创企业市场营销的特点是什么？
2. 针对创新创业企业的营销特点，可以制定哪些营销策路？
3. 想想和你一起上创业课的同学，你能用别名把他们分成不同的小组吗？解释一下你细分时使用的主要因素。你能对这些小组进行有效的营销吗？
4. 一个服装店，以三种价格销售童装，即280元、350元和450元。如果顾客用这三种价格作为不同服装的参考价格，评估一下增加一个400元的服装系列后的效果。你觉得350元服装的销售会增加、减少还是不变？
5. 为什么有些行业的市场营销者在电视上做广告，而作为其目标的接受者仅为收到他们付钱所传达的信息的人的一小部分？列出你曾在电视上看到的一些非消费者导向的广告，并描述营销者试图用它达到什么目的。

第七章 Chapter 7 两仪三易——财务会计

两仪即阴阳。"太极"即"资金",其两仪是"资金来源"与"资金占用"。《易经》的核心为"三易",即"简易""不易""变易"。"简易"在财务管理上就是简单管理,财务管理的制度化、标准化、信息化,是"简易"的路径。"不易"在财务管理上即指单位经营周期的创业期、成长期、成熟期和衰退期,其各自的经营特点和财务管理的相应政策都是相对不变的。财务会计管理的研究对象是资金的筹资、投资、营运等环节,这些环节是一个不断运动、变化的过程。

学习目标

通过学习本章内容,创业者可以了解基本的财务知识,充分理解"会计思维"的重要性,并且能够熟练运用会计思维经营企业,这对企业的顺利成长、壮大有很大帮助。对于创业者而言,掌握一定的财务知识,才能读懂财务资料背后的意义。

知识导图

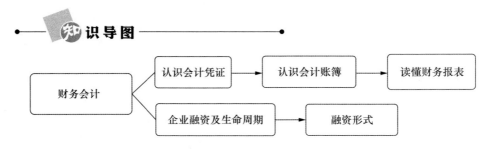

第七章 两仪三易——财务会计

> **课程导入**

1. 情景导入，设置目标
   设计情景：东方公司用闲置资金进行股票投资，收到有关凭证，根据凭证进行会计处理。
2. 导学相依，展开目标
   引导学生思考：
   (1) 影响短期投资入账价值的因素有哪些？
   (2) 账务如何处理？
   (3) 若短期投资持有期间取得现金股利，该如何处理？

一、会 计 凭 证

会计凭证是记录经济业务发生或完成情况的书面证明，也是登记账簿的依据。

1. 会计凭证的作用

会计凭证的作用是提供会计信息，会计人员可以根据会计凭证，对日常大量分散的各种经济业务进行整理、分类、汇总，并经过会计处理，为经济管理决策提供有用的会计信息。主要体现在以下几个方面：

(1) 记录经济业务，提供记账依据

通过会计凭证的填制，可以如实反映各项经济业务的具体情况，是对经济业务所作的初步归类记录，便于后续作出进一步归类和系统化的记录。会计凭证是登记账簿的依据，登记账簿必须以经过审核无误的会计凭证为依据。

（2）明确经济责任，强化内部控制

任何会计凭证除记录有关经济业务的基本内容外，还必须由相关部门和人员签章，对会计凭证所记录经济业务的真实性、正确性、合法性负责。通过凭证审核还可以发现经营管理上的薄弱环节，强化内部控制，以便采取措施，改进工作。

（3）监督经济活动，控制经济运行

通过会计凭证的审核，可以查明某项经济业务的发生是否符合国家有关法律、法规、制度规定，是否符合计划、预算进度等。对于查出的问题，应积极采取措施予以纠正，实现对经济活动的事中控制，保证经济活动的健康运行。

2. 会计凭证的分类

会计凭证按照填制的程序和用途不同，分为原始凭证和记账凭证。

原始凭证是在经济业务发生或完成时取得或填制的，用以记录或证明经济业务发生或完成情况的书面证明。原始凭证是会计核算的原始资料和重要依据。

记账凭证是会计人员根据审核无误的原始凭证，按照经济业务的内容加以归类，并据此确定会计分录后所填制的书面证明。记账凭证是根据复式记账法的基本原理，确定应借、应贷的会计科目及其金额，将原始凭证中的一般数据转化为会计语言，是介于原始凭证与会计账簿之间的环节，是登记账簿的直接依据。

记账凭证按反映经济业务的内容不同，可以分为收款凭证、付款凭证和转账凭证。收款凭证是指用于记录现金和银行存款收款业务的会计凭证；付款凭证是指用于记录现金和银行存款付款业务的会计凭证；转账凭证是指用于记录不涉及现金和银行存款业务的会计凭证。对于经济业务较简单、规模较小、收付业务较少的单位，特别是初创企业，为了简化核算，还可以采用通用记账凭证来记录所有经济业务。

3. 会计凭证的保管

会计凭证的保管是指会计凭证记账后的整理、装订、归档和存查工作。对会计凭证的保管，既要做到完整无缺，又要便于翻阅查找。

会计凭证应定期装订成册，防止散失。会计部门依据会计凭证记账以后，应定期对各种会计凭证进行归类整理，将各种记账凭证按照编号顺序连同所附的原始凭证一起加装封面、封底后装订成册，并由装订人员在封签处签名盖章。封面应注明单位名称、凭证种类、凭证张数、起止号数、年度、月份、会计主管人员、装订人员等信息，会计主管人员和保管人员应在封面上签章。会计凭证装订后应加贴封条，防止被抽换。其他单位如有特殊原因需要使用时，经批准后可以复印，并做好登记。要严格遵守会计凭证的保管期限要求，期满前不得任意销毁。

二、会 计 账 簿

会计账簿是指由一定格式的账页组成的，以经过审核的会计凭证为依据，全面、系统、连续地记录各项经济业务的簿籍。各单位要按照国家统一的会计制度规定和会计业务需要设置会计账簿。

1. 会计账簿的作用

设置和登记账簿，是编制财务报表的基础，是编制会计凭证和财务报表的中间环节。通过账簿的设置和登记，可以记载储存、分类汇总、检查校正、编报输出会计信息，对加强经济管理具有十分重要的意义。

（1）账簿是积累会计核算资料的工具

通过设置和登记账簿，可以将分散在会计凭证上大量的核算资料，按不同性质加以归类、整理和汇总，以便全面、系统、连续和分类地提供企业资产、负债、所有者权益、收入、费用和利润等会计要素的增减变化情况，以利于监督企业各项财产物资的妥善保管和合理使用，为管理决策提供依据。

（2）账簿记录是编制财务报表的主要依据

通过设置和登记账簿，在会计期末可以根据账簿提供的资料编制财务报表。财务报表中所反映的数据真实和正确与否，编制报送及时与否，都与账簿的登记有密切关系。

（3）账簿资料是会计分析和会计检查的直接依据

利用账簿资料，可以考核企业各项计划的完成情况，使企业管理部门了解本单位的经营业绩，对经营情况作出分析和评价，以便调整经营决策。

（4）会计账簿是保证财产物资安全完整的重要手段

会计账簿是经济档案的重要组成部分，账簿中记录的财产物资的账面数可以通过实地盘点的方法，与实存数进行核对，核查账实是否相符，从而全面、具体地掌握财产物资的变动情况。

2．会计账簿的分类

（1）按用途分类

账簿按用途不同，分为序时账簿、分类账簿和备查账簿三种。

序时账簿又称"日记账"，是按照经济业务发生的时间先后顺序，逐日逐笔登记经济业务的账簿。大多数单位一般只设现金日记账和银行存款日记账，而不设置转账日记账。

分类账簿简称"分类账"，是指对经济业务进行分类登记的账簿。按反映内容详细程度的不同，又分为总分类账和明细分类账。总分类账是根据总分类账户开设的账簿，明细分类账是根据总分类账户所属的二级或明细账户开设的账簿。

备查账簿是对某些在序时账簿和分类账簿等主要账簿中未能登记或记载不全的经济业务进行补充登记的账簿，可以为某些经济业务的内容提供必要的参考资料，由各单位根据需要自行设置。例如，应付票据备查簿、租入固定资产登记簿、受托加工材料登记簿等。

（2）按账页格式分类

账簿按账页格式不同，分为两栏式账簿、三栏式账簿、多栏式账簿和数量金额式账簿四种。

两栏式账簿是指只有借方和贷方两个基本栏目的账簿。普通日记账一般采用两栏式账簿。

三栏式账簿是设有借方、贷方和余额三个基本栏目的账簿。各种日记账、总分类账以及资本、债权、债务明细账都可以采用三栏式账簿。

多栏式账簿是账簿的两个基本栏目借方和贷方按需要分设若干专栏的账簿。收入、成本费用明细账一般采用多栏式账簿。

数量金额式账簿的借方、贷方、余额三个栏目内，都分设数量、单价和金额三小栏。原材料、库存商品、产成品等明细账一般采用数量金额式账簿。

(3) 按外型特征分类

账簿按外型特征的不同，可分为订本账、活页账、卡片账三种。

三、财务报表

财务报表是对企业财务状况、经营成果和现金流量的结构性表述，日常所说的"三大财务报表"是指资产负债表、利润表、现金流量表。"三大财务报表"分别从不同角度反映企业的财务状况、经营成果和现金流量。

1. 资产负债表——体现公司价值的表

(1) 资产负债表概述

资产负债表是反映企业某一特定日期财务状况的财务报表，属于静态报表，主要提供有关企业财务状况方面的信息。它由资产、负债、所有者权益三个会计要素组成，根据"资产＝负债＋所有者权益"这一会计恒等式，对企业一定日期的资产、负债、所有者权益各项目进行分类、汇总、排列后编制而成。它表明企业在某一特定日期所拥有或控制的经济资源、所承担的现有义务和所有者对净资产的要求权。

资产负债表的作用是可以反映企业资产、负债和所有者权益的全貌。通过编制资产负债表，可以反映企业资产的构成及状况，分析企业在某一日期所拥有的经济资源及分布情况；可以反映企业某一日期的负债总额及结构，分析企业目前与未来需要支付的债务数额；可以反映企业所有者权益的情况，了解企业现有投资者在企业资产总额中所占的份额。通过对资产负债表项目金额及相关比率的分析，可以帮助报表使用者全面了解企业的资产状况、盈利能力、债务偿还能力等，为未来的经营决策提供有用信息。

资产负债表的格式为左右结构，左边列示资产，右边列示负债和所有者权益。资产负债表反映资产、负债和所有者权益之间的内在关系，并达到资产负债表左方与右方平衡。同时，资产负债表还提供年初数和期末数的比较资料。

（2）资产负债表的使用

资产负债表是一个时点的概念，反映的是企业在某一时点上的资产、负债和所有者权益状况。在资产负债表中，资产按照其流动性分类分项列示，包括流动资产和非流动资产，即货币资金、应收款项、预付款项、存货、长期股权投资、固定资产、无形资产等；负债按照其流动性分类分项列示，包括流动负债和非流动负债，即短期借款、应付款项、预收款项、应交税费、长期借款、长期应付款等；所有者权益按照实收资本、资本公积、盈余公积、未分配利润等项目分项列示。

通过查看资产负债表，企业的经营管理者能够了解企业的财务状况，企业的投资者能够了解自己的家底，自己投入的资金去了哪里，承担了哪些债务。

资产负债表的左边可以说明，任何企业都必须拥有一定数量的资产，作为从事经济活动的基础，这些资产表现为不同的形态，即投入的钱被用来干什么了。资产负债表的右边可以说明，企业的资产都是从一定的来源取得。资金取得或形成的渠道，即资金来源，在会计上称为权益，也就是负债（债权人权益）和所有者权益。企业来自于债权人的资金称为负债，来自所有权投资者及企业在生产经营过程中产生的效益称为所有者权益。由此可以看出，资产负债表左边的资产与右边的负债和所有者权益之和必然相等。在数量上，资产与负债、所有者权益之间存在着同增同减的关系；在资产数额一定的情况下，负债与所有者权益之间存在此增彼减的关系。这一平衡关系用公式表示就是：资产＝权益＝债权人权益＋所有者权益＝负债＋所有者权益。这一等式称为会计恒等式，是编制资产负债表的基础。

2. 利润表——体现公司利润的表

（1）什么是利润表

利润表是反映企业在一定会计期间经营成果的报表，属于动态报表，是根据会计核算的配比原则，对一定时期内的收入和相对应的成本费用进行配比，从而计算出企业一定时期的各项利润指标。

利润表的作用是可以通过利润表从总体上了解企业收入、成本和费用及净利润（或亏损）的实现及构成情况，同时通过利润表提供的不同时期的比较数字（本月数、本年累计数、上年数），可以分析企业的获利能力及利润的未来发展趋势，了解投资者投入资本的保值增值情况。

利润表的格式一般采用多步式利润表格式，是通过对当期的收入、费用、支出项目按性质加以归类，按利润形成的主要环节列示一些中间性利润指标，如营业利润、利润总额、净利润，分步计算当期净损益。

（2）利润表的使用

利润表主要提供企业在一定时期内的经营业绩，能够使企业经营管理者在一定程度上了解企业未来的盈利状况。利润表是一个时段的概念，记录了企业利润的实现过程。

利润表反映的信息包括营业收入、营业成本、税金及附加、管理费用、销售费用、财务费用、投资收益、公允价值变动损益、资产减值损失、非流动资产处置损益、所得税费用、净利润。

通过查看利润表，可以了解营业利润、利润总额、净利润各项要素的构成情况，有助于从不同利润类别中了解企业经营成果的不同来源。利润表的基本逻辑是，收入扣除所有的成本费用，就得到最终的利润。此外，通过利润表还可以了解各种收益与费用。

3. 现金流量表——体现公司"现金流"的表

（1）什么是现金流量表

现金流量表是反映企业一定会计期间现金和现金等价物流入和流出情况的报表，属于动态报表。通过现金流量表提供的信息，报表使用者可以了解和评价企业获得现金和现金等价物的能力，并据此预测企业未来现金流量。这里所说的"现金"，不仅包括库存现金，还包括企业"银行存款"账户核算的存入金融企业、随时可以用于支付的存款，也包括"其他货币资金"账户核算的外埠存款、银行汇票存款、银行本票存款等其他货币资金。现金等价物是指企业持有的期限短、流动性强、易于转换为已知金额现金、价值变动风险很小的投资。现金等价物虽然不是现金，但其支付能力与现金差别不大，可视为现金。

企业编制现金流量表的目的，是为财务报表使用者提供企业一定会计期间内现金和现金等价物流入和流出的信息，以便于使用者了解和评价企业获取现金和现金等价物的能力，并据以预测企业未来现金流量。现金流量表在评价企业经营业绩、衡量企业财务资源和财务风险、预测企业未来前景方面有着十分重要的作用，有助于预测企业未来现金流量，有助于评价企业的支付能力、偿债能力和周转能力，有助于分析企业收益质量。

（2）现金流量表的使用

现金流量表主要提供企业在一定时期内的现金流量的流入和流出情况，还能够使企业经营管理者在一定程度上预测企业未来的现金流量情况。所谓现金流量，是指一定时期内企业现金的流入和流出。现金流量表主要反映三方面信息：一是经营活动产生的现金流量；二是投资活动产生的现金流量；三是筹资活动产生的现金流量。

通过查看现金流量表，企业经营管理者可以了解企业目前的资金情况，并对企业的现金流入和现金流出做到心中有数，能够帮助企业经营管理者了解企业经营活动、投资活动和筹资活动分别为企业带来的现金流入量和发生的现金流出量情况。此外，通过现金流量表还可以充分了解企业现金的来龙去脉，以及现金的增减变化是如何发生的。

现金流量表展示了资产负债表上货币资金增减变化的原因。对于任何企业来说，钱一定是最重要的，也是企业最关心的，因为钱直接关系到企业的生死存亡问题。所以说，关心现金的来龙去脉、监控企业运作风险的现金流量表非常重要，这也是现金流量表的重大意义所在。

4．财务报表分析

（1）反映偿债能力的比率

① 短期偿债能力指标。短期偿债能力是企业偿付下一年到期的流动负债的能力，是衡量企业财务状况是否健康的重要标志。企业债权人、投资者、原材料供应单位等使用者通常都非常关注企业的短期偿债能力。

流动比率＝流动资产/流动负债

速动比率＝速动资产/流动负债＝（货币资金＋短期投资＋应收票据＋一年内应收账款）/流动负债

现金比率＝（货币资金＋短期投资）/流动负债

营运资本＝流动资产－流动负债

② 长期偿债能力指标。长期偿债能力是公司按期支付债务利息和到期偿还本金的能力。在企业正常生产经营的情况下，企业不能依靠变卖资产偿还长期债务，而需要将长期借款投入回报率高的项目中得到利润来偿还到期债务。长期偿债能力主要从保持合理的负债权益结构角度出发，分析企业偿付长期负债到期本息的能力。

资产负债率＝负债平均总额/资产平均总额×100%

有形资产负债率＝负债总额/（资产总额－无形资产净值）×100%

产权比率＝负债总额/所有者权益总额×100%

股东权益比率＝股东权益/总资产

债务与有形净值比率＝负债总额/（股东权益－无形资产）

已获利息倍数＝息税前利润/利息费用

（2）反映资产管理能力的比率

资产管理能力反映企业经营管理、利用资金的能力。通常来说，企业生产经营资产的周转速度越快，资产的利用效率就越高。

应收账款周转次数＝销售收入净额÷应收账款平均余额

存货周转次数＝销货成本÷平均存货

不良资产比率＝（三年以上应收账款＋待摊费用＋长期待摊费用＋待处理流动资产净损失＋待处理固定资产损失＋递延资产）/年末资产总额

流动资产周转率＝主营业务收入净额/平均流动资产

总资产周转率＝主营业务收入净额/平均资产总额

负债结构比率＝流动负债/长期负债

（3）反映盈利能力的比率

盈利能力是企业获取利润的能力。利润是投资者取得投资收益，债权人收取本息的资金来源，是衡量企业长足发展能力的重要指标。

销售净利润率＝净利润/销售收入净额×100%

资产净利润率＝净利润/资产平均总额×100%

净资产利润率＝净利润/所有者权益平均余额×100%

基本获利率＝息税前利润/总资产平均余额

市盈率＝每股市价/每股盈余

（4）反映成长能力的指标

成长能力指标是对企业的各项财务指标与往年相比的纵向分析。通过成长能力指标的分析，能够大致判断企业的变化趋势，从而对企业未来的发展情况作出准确预测。

主营业务增长率＝（本年主营业务收入－上一年主营业务收入）/上一年主营业务收入

应收款项增长率＝（期末应收账款＋期末应收票据－期初应收账款－期初应收票据）/（期初应收账款＋期初应收票据）

净利润增长率＝（本年净利润－上一年净利润）/上一年净利润

(5) 反映现金流量的指标

现金流量指标反映现金流量信息。按照现行会计制度的权责发生制原则计算的财务指标难以全面反映公司的真实财务与盈利状况，用现金流量表示的指标能够与之相互补充。

主营业务现金比率＝经营活动产生的现金净流量/主营业务收入

结构分析＝经营活动产生的净现金流量/总净现金流量

营业活动收益质量＝经营活动产生的现金净流量/营业利润

四、创业企业融资

1. 企业融资及生命周期

多数创业者都是年轻人，他们对提出的创意及其项目都显得非常兴奋。钱是创业的资本，最初，创业企业的资金主要来自家庭或个人积蓄，或者通过大赛获奖得到一笔资助。但这毕竟是少数，多数创业者都会遇到融资瓶颈。然而，随着我国经济的快速发展以及国家乃至各地区各级政府对创业的重视，融资难的问题正在逐步得到解决。除了银行等金融机构信贷外，天使投资、风险投资、创业基金支持、融资租赁等都是不错的资金来源。

大多数创业企业都是小规模和单一经营的小微企业，创业的目的是改善自己的生活水平。但对于衣食无忧的创业者或许是另一个目的，这就是关注企业的成长和成功，以此提升个人的知名度和价值，而不仅仅追求个人回报。这样的创业者会付出很大的精力获取融资，让企业发展起来。

融资（financing），也称"筹资"或"筹款"，最常见的解释是为获得资产而筹集货币的活动。几乎所有人都听到过人们要为购买一辆轿车或一套房屋而筹款。当他们说筹款时，通常意味着他们将去银行为购置这个东西而借款。

"融资"这个词在商业上也可进行类似的使用。当企业为购置资产而筹集货币时,意思是企业为资产融资。企业通过借款、出售股票或利用他们已经赚得的利润为资产融资。近年来,许多资产通过租赁取得,我们称之为租赁融资。

当筹集货币创立企业或进行扩张时,则是为公司本身融资。货币来自借款或来自股票出售。企业借得的货币,被称为企业债务融资。企业来自股权出售的货币,称作权益融资。权益意指用所有者自身的钱融资。

一个新创企业,无法对其整个生命周期的各个阶段作出判断。但是企业都会有各自的发展阶段,从无到有,经历起步、成长、高速发展和衰退阶段。在企业发展的过程中,有些企业资产增长较快,收入增长也较快,但还有很多企业发展缓慢,长期亏损。另外,不同行业的企业,不同经营内容和经营及管理方式的企业,其寿命期也会有差异。一般来说,一个企业的发展至少经历四个阶段,即引入及初创期、成长期、成熟期和衰退期。

(1) 引入及初创期融资

引入及初创期即创业期,创业人开始将创业项目投入运作,企业基本没有多少营业收入,成本费用开支很大,净利润是负的,而且现金流量支出巨大,资金缺口很大。此时的企业生产和经营规模很小,市场处于培育阶段,管理经验很少。商业银行和较大的投资机构通常不考虑投资,因为企业的经营风险较大。创业资金的绝大部分来自私募资金,一般是个人积蓄、私人借款和天使投资。随着创业的推进,营业收入也慢慢增长,一些投资机构和商业银行开始关注企业,有的做了部分投资和贷款。

(2) 成长期融资

过了创业初期的资金短缺阶段,企业销售渐渐有了起色,逐步进入成长期。虽然创业初期和成长期之间没有明显的分界线,但企业进入成长期后,产品在市场上慢慢地站稳脚跟,客户数量日益增加,营业收入稳步增长,企业开始有了利润。但此时的现金开支仍然较大,特别是固定资产投资支出较多,致使现金流量仍为负数。当企业步入成长期中段,市场规模迅速扩大。此时,企业需要更多的融资,如果众多风险投资人看好企业的发展前景,便会纷纷投资入股,而且商业银行也愿意贷款给这些企业。成长后期,企业一般都有较多的融资选择，如进行多轮的股权融资、上市融资，做一些中长期银行借款等。

（3）成熟期融资

成熟期的特点是企业的产品或服务占有相当大的市场份额而且稳定增长，营业收入仍在快速增长，其增长与宏观经济的增长基本一致。同时，缴纳的所得税额较多，税后利润也十分丰厚，此时企业产生大量的正现金流量。成熟阶段，企业通常开始调整财务政策，一是选择更加激进的财务政策，如借入更多短期贷款，更多利用延迟支付供应商的货款、贸易信贷等；二是更多利用债务，如发行公司债，从商业银行取得中长期贷款，利用长期负债调整资本结构，通过经营产生的利润更多地给予股东报酬。

（4）衰退期融资

进入衰退期的征兆往往是企业的销售额慢慢下降，利润也因市场减少而慢慢下降。这个阶段的企业无须再注入大量资金挽回市场，而应想尽办法回收原来的初始投资。而且，此时的企业应当寻找收购方，通过并购、重组和资产剥离等方式换得现金，以备偿债、减亏和返还股本。

2．融资的形式

（1）按融资的性质和期限分类

在企业的资产负债表上，资金的来源反映在其右方或下方，按照资金来源性质可划分为负债和所有者（或股东）权益两个部分。负债反映在某个特定日期企业多承担的、预期会导致经济利益流出企业的现实责任义务。负债分为流动负债和非流动负债两类。所有者权益，也称股东权益，净资产，是资产减去负债后的剩余数额，反映企业在某个特定日期所有者拥有的净资产总额。

负债按照是否有利息费用，分为带息负债和不带息负债两种。商业银行的短期和长期借款都是按利息支付的债务，属于企业直接的债务融资。但像应付账款、其他应付款、应交税费、应付职工薪酬和各项应计费用以及长期应付款、其他流动负债和非流动负债等都属于不带息的负债项目，其中，应付账款、应交税费、应付职工薪酬、各项应计费用等与企业经营活动有密切关系的项目，一般都随着营业收入的增减而发生变化，因此在财务上又称为自动生成流动负债。

所有者权益包括实收资本或股本、资本公积、盈余公积（含公益金）和未分配利润等项目。实收资本或股本以及一部分资本公积是企业直接从股权投资人那里融得的资金，盈余公积和未分配利润是企业从税后利润中留下的用于生产经营的追加资金，统称为留存收益。

在创业初期，企业的融资主要来自所有者的直接投资，包括创业者自己和亲属、朋友投入的资本，天使投资人以及其他机构等投入的资本。随着企业的发展，通过多轮融资，更多的投资人如信托投资公司、投资基金、投资银行等对企业进行投资，这类投资列入资产负债表上所有者权益下的实收资本和资本公积项目。在创业初期，营业收入少而各项费用开支大，没有利润，所以，也没有内部积累作为经营的追加资本。进入成长期和成熟期，企业的利润增长加快，也有更多的税后利润留在企业内以追加到生产经营过程中用于扩大或保持资产的规模。

以上按性质划分的负债和所有者权益，负债中的带利息负债即债务和所有者权益中的实收资本或股本、部分资本公积和留存收益都是企业主动的融资项目。

（2）按融资方式分类

融资方式也就是企业筹资多采取的具体形式。融资的具体形式很多，创业企业和小微企业常见的融资形式主要有银行贷款、委托贷款、产权交易、股权出让、增资扩股、保理融资、融资租赁、补偿贸易融资等。

① 银行贷款

这是企业最主要的融资渠道，而且多为中短期贷款，创业企业和小微企业的银行贷款多为流动资金贷款，包括临时的3个月至1年的短期贷款和1年至3年的中期贷款。按照贷款方式，银行贷款有担保贷款和信用贷款两种。

② 委托贷款

委托贷款是投资人作为委托人在受托的商业银行为投资项目专设一个账户，并转入投资款，委托银行给被投资企业。受托银行根据委托人确定的贷款对象、用途、金额、期限、利率等代为发放、监督使用并协助收回贷款。受托银行只收取手续费用，按期代收利息和追还本金，不承担贷款风险。

③ 产权交易

产权交易是除上市公司股份转让以外的企业产权转让形式，是资产拥有者有偿转让其资产的所有权和经营权的一种经济行为。产权交易还可以分产权折价交易、溢价交易和平价交易。

④ 股权出让和增资扩股

由于创业伊始和成长的需要，创业企业和小微企业的资金经常处于短缺状态，因此，企业多采取的融资方式是出让部分股权以换得需要的资金。采取股权出让方式融资往往也是一种无奈的选择，一是引入新股东会稀释原有股东的股权；二是公司创始人和原有的大股东必须小心谨慎，避免失去对企业的控制权。

增资扩股融资与股权出让融资类似，但从形式上看，增资扩股不仅包括通过股权转让形式增加股本资金，而且还包括从企业内部取得权益资金形式，如内部职工集资、资本公积转增股本等。

⑤ 应收账款融资

创业企业在开发市场的过程中，为了扩大销售往往采用财务赊销形式，但由此会增加企业的应收账款，延长现金回收时间，影响企业资金的周转。采用应收账款抵押或保理融资形式，是企业通过销售合法拥有的应收账款转让给保理银行或企业保理商，从而获得相应的融资。但这种融资形式比从商业银行贷款相对困难得多。一般而言，通过银行信贷融资，创业企业能够很容易预计贷款的成本和期限。但保理融资需要保理银行或机构必须对保理的应收账款支付方的信用做尽职调查，而且由于同一企业不同时期的财务状况和信用都会有所不同，所以作为保理人的银行等机构的风险较大。很多创业企业和一些小微企业愿意使用保理融资形式，因为尽管其成本较高，但如果购货方信用一直保持良好，创业企业和小微企业就能够及时获得资金。

⑥ 融资租赁

对于创业企业和小微企业来讲，缺少资金是一种常态，特别是重资产型的小微企业，缺少资金就无法购买生产加工设备。这时，采用融资租赁方式不失为一种很好的融资兼融物的方式。融资租赁，是指出租人根据承租人即融资企业对物件和供货人的选择，向供货人购买租赁物件提供给承租人使用，承租人支付租金。租赁期限结束后，一般由承租人以象征性的价格购买租赁物件，租赁物件的所有权由出租人转移到承租人。

⑦ 补偿贸易融资

补偿贸易融资既是一种贸易方式，也是一种利用外部资金的形式。补偿贸易的主要特点是：创业企业或小微企业作为买方以赊购形式从卖方即供货方购进机器设备、技术知识等，并且建造工厂和安装设备等，投产后以所生产的全部产品、部分产品或双方商定的其他商品，在一定期限内，逐步偿还设备等的本金和利息。

除了上述创业企业和小微企业比较常用的融资方式外，还有资产信托融资、股权质押融资和项目融资等形式。

本章按照经济活动发生后在会计上的表现形式和流程，对会计凭证、会计账簿、财务报表等财务知识进行介绍，这对创业者"会计思维"的形成有很大帮助。会计工作既是管理，又是艺术，是对企业经济活动真实、客观的记录和反映，必须将"诚信"摆在首位，同时又要讲究"职业判断"。会计工作是会计人员根据会计法律、法规和规章等会计标准，充分考虑企业现实与未来的理财环境和经营特点，运用自身专业知识和职业经验，通过识别、计算、分析、比较等方法，对不确定性会计事项所作的裁决与断定的思维过程。

资金筹集是创业者在创业初期遇到的最困难的问题之一，而资金又是企业经营必须的要素之一，甚至还会影响企业经营的持续性。虽然资本市场上的资金可能并不缺乏，但是如何选择最佳的融资形式是摆在每个创业者面前的难题。此外，通过了解融资与企业生命周期的关系，可以对企业融资有更加全面的理解和认识。

1. 如何理解经营企业中需要树立"会计思维"?创业者需要了解哪些财务知识?
2. 财务报表的使用者有哪些?创业者如何使用好财务报表?
3. 如何根据创业企业的类型和规模选择最佳的融资形式?融资时会遇到哪些困难?

第八章 Chapter 8 大国小鲜——商业计划

老子云:"治大国,若烹小鲜",它被众多学者和政治家引用,习总书记曾引用,以示自己的勤政之心。"掌勺者"要专业,要负责,要科学,要有较高的德性和修养,才能认真去"烹",科学地"烹"好小鲜。于创业者而言,"掌勺者"即创业者,创业者充分利用好现有资源,运用科学合理的方法,逐步推进企业有序持续发展,即为"烹",商业计划书通俗来说即为这类烹饪的菜谱。

学习目标

学习商业计划书的撰写,使学生认识到从想法到商业模型的思考过程,认识商业计划书的重要性,了解商业计划书的基本结构、内容构成、信息搜集、环境分析等要素,掌握商业计划书的撰写和PPT演示。

第八章 大国小鲜——商业计划

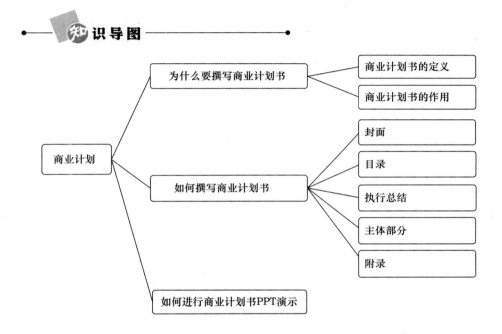

课程导入

以一家初创企业的商业计划书以及路演为例，在辅导之前与辅导之后，投资人对这个企业的估值相差1000多万元。同一个企业，同样的关键性业务，同样的商业模式，为什么差别这么大？商业计划书是一个利器。

创业者作任何决策都需要把握好度的原则，有计划地执行，不能朝令夕改、随意搅动、胡乱折腾。

"治大国，若烹小鲜"有两点要义：

一是选贤与能，这是一种看似平常却高超的领导艺术。具体来说，就是要将合适的人安置在合适的位置，充分发挥其角色作用，而不是对具体的事

173

> **课程导入**

务进行干预。法家的集大成者韩非子，在老子思想的影响下，就曾提出过"君道无为，臣道有为"的观点，在他看来，君主作为最高管理者，不必事事亲为，而是要学会将主动权交给手下的大臣，发挥他们的积极性。毛泽东主席深谙此道，他曾说："领导者的责任，归结起来，主要是出主意、用干部两件事。"邓小平也联系自己的经验说："我的抓法就是抓头头，抓方针。"出主意，就是抓方针；用干部，就是抓头头。抓住了这两条，也就抓住了做领导的根本。创业者在创业过程中应组建团队，合理分工，利用好团队每一个成员的特长，选好贤的同时发挥其能力，实现一加一可以大于二的作用。

二是无为而为。无为，是老子哲学的核心观点。过去，这一思想多被视为消极的，而实际上，老子的"无为"并非什么都不干，而是倡导一种"无为而为"的辩证法，即在顺乎事物自身规律的前提下有所作为。具体到创业方面，就是要多进行市场调研，在产品定位、定价、市场选择等多方面，用数据帮助作判断，而不是拍脑袋决策，凭感觉折腾。

一、为什么要撰写商业计划书

《礼记·中庸》提到："凡事预则立，不预则废。"做任何事情事先谋虑好都会提高成功的概率。硅谷著名创业家盖伊·卡维萨基说："一旦他们将商业计划写到纸上，那些希望改变世界的天真想法就会变得实在且冲突不断，因此商业计划书本身的重要性远不如形成这个计划书的过程。即使你并不试图去融资，你也应当准备一份计划书。"古今中外，无不强调计划之于项目的重要性。良好的计划是成功的开端，计划也将指引着执行者走在通往目标的正确航线上。一份周密的商业计划书是中小企业成功筹集资金的关键，它全面地向投资者展示了企业发展的趋势、企业的实力、企业的融资计划,帮助中小企业获得融资;同时它也为企业设计了发展轨迹,可以作为企业发展的行动指南。因此,如何撰写一份商业计划书,是每一位创业者和项目负责人的必修课。

商业计划书又称为"创业计划书",是引领创业者的纲领性文件,是创业者具体行动的指南,包括企业的项目规划、项目执行、项目发展、融资计划与投资回报等,其主要用途是帮助创业者构想项目的发展蓝图,指导公司发展执行,为项目吸引融资。撰写商业计划书的过程是探索和学习的过程,是一个严谨的过程,即提出问题,寻找答案,并为越来越严厉的市场检验作好规划。商业计划书可以让你眼光放远,而不是盯着创业初期,也可以让你成功度过新公司的关键期。

前瞻产业研究院总结了撰写商业计划书的五个原因,也就是做商业计划书的作用。

一是商业计划书可以证明你对自己事业的态度是认真的。正式的商业计划书可以向所有对你的创业项目感兴趣的人——员工、投资者、合作伙伴和你自己表明你已经拥有创建业务的必要条件。

二是帮你建立业务里程碑。商业计划书中应该清楚地列出对你的业务长期成长最重要的里程碑。

三是让你更好地理解项目竞争。创建商业计划书迫使你分析竞争情况。所有企业都直接或间接的面临竞争,了解企业的竞争优势是至关重要的。

四是让你更好地了解你的客户。客户为什么选择购买或者不购买你的产品或服务?深入的客户分析对于一份有效的商业计划书和成功的业务至关重要。

五是评估你的风险投资的可行性。这是一个好的商业机会吗?写商业计划书的过程包括研究目标市场以及竞争分析的过程,能够为你的成功提供可行性研究。

同时,商业计划书对于团队建设具有不可替代的作用。首先,商业计划书是企业创建的共同纲领和行动指南,在谈论创业机会细节的时候,会迫使创业团队一起工作,将其抽象的创业理念转换为产品或服务的各项具体细节,通过反复论证和调整，使团队成员统一思想，也使得最终形成的商业计划书能够成为创业的纲领性文件和具体行动指南。其次，撰写商业计划书是使创业团队和成员团结一心的方式或手段。一份清晰的商业计划书对于企业的愿景和未来均会作出详细的陈述，无论对创业团队还是普通员工都具有十分重要的意义。尽管市场的快速变化经常发生，商业计划书也会根据变化的情况作出适当调整，但是撰写商业计划书的过程的确非常有用，会使团队成员团结一心，为了共同的创业目标而努力；同时，通过方案的论证，可以发现团队中可能存在的问题，使团队成员更加团结，配合更加默契，使普通员工和创业者保持一致，朝着统一的方向行动。因此，商业计划书的撰写过程甚至比商业计划书本身更有价值，是创业目标变成现实的重要途径，是普通员工理解企业目标、完成企业计划的重要措施。

二、如何撰写商业计划书

撰写商业计划书是一门技术活，需要创业者掌握相应的写作技巧与写作原则，同时要清晰地列出商业计划书的框架和内容组成。商业计划书在撰写时应遵循目标明确、优势突出、内容真实、体现诚意、要素齐全、内容充实、语言平实、通俗易懂、结构严谨、风格统一、有理有据、循序渐进、详略得当、篇幅适当等原则。适合的篇幅一般在20—35页，包括附录在内。

撰写商业计划书的目的是向阅读者提供其所需要的信息，因此，商业计划书的内容根据阅读者的不同侧重点有所不同，可分为多种版本，但万变不离其宗，接下来本节将介绍一种常用的商业计划书的范式，并以某智能科技公司的商业计划书为案例进行分析。

一份完整的商业计划书应包括封面、目录、执行总结、主体部分和附录五大部分。

1. 封面

封面底色可用公司文化颜色，封面上应该有明确的创业项目名称，体现企业的经营范围；还应有企业名称、地址、电话号码等联系方式，这点非常重要，以方便阅读者与企业进行联系；还应有日期、企业网址、企业二维码等信息。如果企业有自己的徽标或 LOGO，可以放在合适的位置。

2. 目录

目录是正文的索引，以便于阅读者翻阅查找想重点了解的信息所在章节。这里需要按照章节顺序逐一排列每章大标题、每节小标题以及章节对应的页码。目录可以自动生成，显示到二级或三级小标题为宜。

以下是 2016 年"创青春"全国大学生创业大赛优秀作品的目录，这里隐去了企业真实名称，用"××智能科技有限公司"代替，该项目商业计划书目录如下：

目　录

目录	I
第一章　执行总结	1
第二章　项目简介	5
2.1　可穿戴设备市场概况及发展趋势	5
2.2　国家政策	6
2.3　市场需求	7
2.4　产品介绍	10
第三章　公司愿景	18
3.1　公司愿景	18
3.2　公司 LOGO	18
3.3　公司业务	18
3.4　商业模式	19
3.5　发展战略	20

第四章 创业团队 ·· 22
4.1 组织架构 ·· 22
4.2 团队成员 ·· 23

第五章 市场调查和竞争分析 ······································ 26
5.1 市场容量 ·· 26
5.2 产品定位 ·· 27
5.3 竞争分析和竞争优势 ·· 29
5.3.1 供应商 ··· 29
5.3.2 顾客群体 ··· 30
5.3.3 潜在竞争者 ··· 31
5.3.4 市场已有产品 ··· 31
5.3.5 行业竞争程度 ··· 31
5.4 盈利能力预测 ·· 32

第六章 营销策略 ·· 33
6.1 目标客户 ·· 33
6.2 产品营销 ·· 33
6.3 营销目标 ·· 35
6.4 服务体系 ·· 36

第七章 生产管理 ·· 38
7.1 生产与服务流程 ·· 38
7.2 设备购置和人员配备、生产周期 ······························ 39
7.3 产品质量控制与管理 ·· 40

第八章 融资与资金运营计划 ·· 42
8.1 资金需求和来源 ·· 42
8.2 融资计划 ·· 43
8.3 资金运营计划 ·· 44
8.4 退出策略 ·· 44

第九章	财务分析与预测 ···	46
9.1	关键的财务假设 ···	46
9.2	会计报表 ··	46
9.3	财务指标分析 ··	48
第十章	风险控制 ··	50
10.1	技术风险与控制 ···	50
10.2	市场风险与控制 ···	50
10.3	财务风险与控制 ···	51
附录	··	52
附录1.	团队成员发表国际期刊论文 ······························	52
附录2.	公司所持专利 ··	58
附录3.	团队成员获奖 ··	63
附录4.	团队成员资质 ··	64
附录5.	专家推荐信（2封） ··	65

3. 执行总结

执行总结是商业计划书的浓缩，是对商业计划书内容最系统、最精炼的概括。执行总结内容包括项目的独特价值以及可以获得成功的所有信息。"一个好的执行总结能让我感觉到这个新公司的吸引力所在。我希望看到公司长期使命的明确论述，以及对员工、技术与市场的总体情况的阐述"，一位风险投资者如是说。所以，一份优秀的执行总结首先应给投资者留下良好的第一印象，这样才会引起投资者仔细阅读全文的兴趣，否则投资者将不会继续阅读商业计划书的其他内容。

执行总结要浓缩商业计划书之精华，反映商业计划书的全貌，创业者必须言简意赅地表述整个创业项目的核心内容。执行总结十分重要，而且务必突出重点，它需要体现商业计划书的核心元素，必须提及愿景使命、商业模式、核心竞争力、产品与市场、发展规划、融资需求及团队管理。最清晰简洁的执行总结是依序介绍商业计划书的各个部分，并在字体或字号等方面重点显示。值得注意的是，很多创业者以为执行总结是商业计划书的前言或者引言，这种认识是错误的，一定要避免。

以下是《××智能科技有限公司商业计划书》的执行总结：

第一章 执 行 总 结

1.1 公司与产品

××智能科技有限公司是一家致力于智能新材料研发，并为致力于可穿戴设备、智能服装开发的科技公司提供智能材料、智能元件及解决方案的科技型公司。本公司以研发为核心，集中于传感、反馈、响应等智能材料的开发，通过结构功能设计以及单元构筑和多元集成实现智能元件，为下游可穿戴科技公司提供相关产品。同时进一步与科技公司寻求合作，推出自主品牌的智能文胸、智能运动服，以及智能热管理服装。

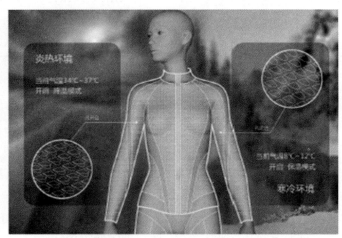

图 8-1 解决方案

创业初期，公司主营石墨烯基温湿传感智能材料与器件，适用于可穿戴设备及智能服装，以便对外界环境变化作出感知与响应，赋予智能服装感知人体近场温湿变化并根据环境变化作出响应的能力，为致力于可穿戴智能服装开发的科技公司推出颠覆性可穿戴产品提供更多的可能性。此外，公司还为致力于可穿戴产品开发的科技公司提供智慧生活相关信息咨询和解决方案。

1.2 团队简介

××智能科技创业团队由3名材料学博士、1名服装设计博士和1名经济学硕士组成。团队成员特点突出，优势互补，为公司的运营管理和产品研发提供了强大的动力和坚实的保障。此外，公司还聘请了柔性纳米智能材料专家王宏志教授担任技术顾问，聘请了江南石墨烯研究院副院长贾宝平担任创业顾问，为公司的健康发展保驾护航。

该创业团队已申请中国发明专利4项，在国际顶级期刊发表论文5篇，其中1篇发表在国际顶期期刊 Science 的子刊 Science Advance 上，得到了30几家国际媒体的跟踪报道，包括 Science 和 Nature 两大顶级期刊网站，2篇发表在碳材料领域国际顶级期刊 Carbon 上，1篇发表在美国化学会一区期刊 ACS Applied Materials & Interfaces 上。团队成员还曾获得2014年中国"华为杯"大学生新材料创新设计大赛全国一等奖，第二届上海市创新材料大赛二等奖，上海市高校"科技创业杯"二等奖，上汽"教育杯"特等奖等多项荣誉。

1.3 战略与营销

公司发展采取"借船出海、品牌建立、江轮入海"三步走战略。借船出海即建立初期通过与致力于可穿戴产品开发的科技公司合作共同研究开发智能材料及智能单元在服装上的集成技术，提高公司在市场上的知名度；同时，通过宣传智慧生活理念，为前沿应用型科技公司提供智能穿戴及智慧生活相关的信息咨询和解决方案，让更多企业加入智能穿戴产品开发中来，为智能材料和智能单元培育更大的市场空间。品牌建立即与科技公司合作研究开发智能服装集成技术，并合作推出"Smart Body""思博™"自主品牌智能穿戴产品，进一步奠定本公司品牌的市场地位。江轮入海即公司发展进入成熟期后，争取与华为、小米、谷歌、苹果等科技公司达成产品供应关系，提高公司在国际市场的知名度。

公司直接客户群为科技公司，间接客户群为运动员、时尚名流、职场白领、科技爱好者等。早期产品为石墨烯基温湿传感材料与器件以及智慧生活相关信息咨询与解决方案。因此，销售方式为：线上在 PC 端和移动终端通过流媒体技术进行智慧生活理念宣传；线下通过为科技公司免费提供一定数量的温湿传感智能器件，助力华为、小米等科技公司智能穿戴产品的推出，从而使这些公司与本公司形成元件依赖关系。

信息咨询与解决方案方面，通过参加学术研讨会、行业展会以及科技媒体宣传等提高公司知名度。产品定价方面，对于石墨烯基温湿传感智能材料采用渗透定价法，抢占更多的合作商。

1.4 投资亮点

（1）市场优势

智能穿戴市场呈现爆发式增长，消费者期待颠覆性产品出现，各大科技公司竞相进入。

（2）团队优势

创业团队由 3 名材料学博士、1 名服装设计博士和 1 名经济学硕士组成。团队成员特点突出、优势互补。还聘请了技术顾问和创业顾问为公司的产品研发和运营管理提供强大的动力和坚实的保障。

（3）技术优势

团队核心技术在于智能服装的制造，从传感材料到响应致动材料再到功能集成，拥有智能服装开发的全链条研发能力。

1.5 投资与财务

本公司为高新技术企业，产品定位顺应上海全球创新中心建立的需求及智慧城市的发展理念，享受自盈利起 2 年免征企业所得税的优惠政策。

公司成立初期注册资本为 560 万元，公司发展共需资金 460 万元，其中用于购置生产用设备 211 万元，各项运营资金 249 万元。资金来源为团队自筹 160 万元（包含上海市大学生科技创业基金 40 万元），天使基金投资 300 万元。

股本规模及结构为：公司团队自筹资金占股 50%，技术专利入股 30%，天使投资占股 20%。

> 公司进入增长期后（18个月后）计划进行千万级A轮融资，以实现公司进一步扩张和快速发展。
>
> 公司发展态势良好，到第5年销售收入为14152.50万元，净利润为4192.35万元，总资产达到9857.04万元。根据未来市场规模、下游生产企业经济体量及公司相关财务报表预计，公司从第2年获得追加投资起，销售增长率分别为59.2%、71.5%、81%，因此投资项目可行性高且前景良好。
>
> 其中，风投资金可在第6—8年退出，采取IPO上市或产业并购的方式。

上述执行总结通过简洁精炼的语言，全面反映了商业计划书的核心内容，突出了核心优势，让投资者据此可以全面了解该项目的基本情况与发展前景。

4. 主体部分

主体部分是整个商业计划书构思的具体表述，是项目构思的整个逻辑思维与规划，需要在有限的篇幅内全面展示项目的吸引力，从而说服投资者，使他们充分相信该项目是一个值得投资的好项目。同时还要让投资者相信团队有能力做好这个项目，从而确保他们的投资回报。

主体部分要求内容详实、逻辑清晰，主要包括以下几个方面：

（1）企业描述

企业描述在商业计划书中起着至关重要的作用，是创业者必须要提及的内容。在介绍企业时，大体需要呈现企业的发展历史、现在的基本情况及企业愿景。

在介绍企业的基本情况时，一般涵盖如下几个方面的内容：

① 企业简介：公司名称、公司的自然业务情况等；

② 公司的发展历史：公司的精英情况、社会地位以及影响力、公司的发展历程等；

③ 公司联系方式：公司所在地、联系方式、主要联系人等；

④ 公司的价值观：公司所提倡的价值观与精神面貌；

⑤ 公司工作制度：公司各部分工作制度与团队配合机制；

⑥ 公司核心竞争力：公司的核心技术或核心资源以及公司的核心商业模式与盈利方式；

⑦ 公司的战略目标：公司目前发展战略目标以及长远发展规划。

（2）产品或服务

一项具有创新性的产品或服务是商业计划书的核心，如果没有创新性的产品或服务，那么一切都是空谈。这一部分应该包括以下内容：

① 产品或服务介绍：产品或服务的名称、性质、市场竞争力，以及产品的研发过程、品牌、专利、市场前景等。如果产品已经生产出来，最好附上产品介绍及图片；如果产品还在设计之中，就要提供相应的设计方案并证明自己的生产能力。

② 产品或服务的市场定位：根据同类产品或服务的竞争状况，确定自己在市场中的位置。

③ 可行性分析结果：创业构想研讨阶段进行的可行性分析结果可以在这里进行汇总报告，将市场调查分析、消费者购买意愿分析等在这里进行陈述，让读者了解产品或服务的创意以及产品定位策略的形成过程。

④ 市场壁垒：如果产品或服务已经获得专利、专营权、版权等，要在这里展示出来；如果没有获得，应解释将要采取的构建进入壁垒的措施，以避免自己的创意被模仿复制。这部分应主要体现自身产品或服务的优势和新颖性、先进性和独特性。

例如，"××智能科技有限公司"的部分产品分析如下：

2.4 产品介绍

由于目前市场上的可穿戴设备只是传统电子设备的小型化，还仅停留在可戴的层面，不存在真正意义上的可穿产品。因此，××智能科技有限公司致力于智能新材料的研发，并为消费者提供面向柔性可穿戴设备、智能服装、智慧生活等的解决方案。公司初期主打产品为石墨烯基温湿传感响应智能材料与器件，能够应用于可穿戴智能产品，可实现智能服装（智能文胸、智能运动衫以及智能热管理服装等）对人体生命特征、人体近场温度和湿度等环境因素变化的感知并快速作出响应和调控（如图8-2所示）。

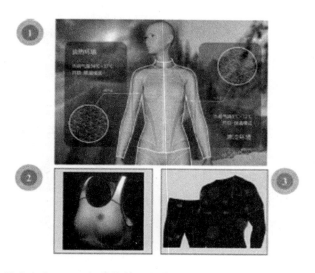

图8-2 解决方案：（1）智能热管理服装；（2）智能文胸；（3）智能运动衫

2.4.1 公司创立初期主打产品

（1）石墨烯基温湿传感智能材料

图 8-3　本公司开发的薄膜状和纤维状智能材料产品

① 应用说明

石墨烯基温湿传感材料是一种基于石墨烯纳米片构筑的宏观材料，它能够根据不同的使用要求加工成薄膜状和纤维状。将这种材料应用于智能服装或可穿戴设备能够赋予智能服装感知人体近场及外界环境的温度与湿度变化的能力。

② 核心技术

石墨烯基温湿传感智能材料制备核心技术在于材料组分设计、结构构筑方法、工艺及性能参数优化。这些核心技术均由团队核心成员掌握，并已申请专利。

③ 产品优势

石墨烯基温湿传感智能材料由于采用高导电、高导热的石墨烯纳米片作为原材料，决定了其具有一些独特的性能优势。

一是空间分辨：所制备的石墨烯基温湿传感智能材料是否可实现空间分辨，即对于在不同区域的触碰产生不同的电流信号响应。

二是自供能：由于所制备的石墨烯基温湿传感智能材料具有热电响应能力，因此能够在无外部能源供应的情况下对外部温度变化作出响应。

三是高灵敏：石墨烯基温湿传感智能材料采用高导电、高导热的石墨烯纳米片为原材料，同时制备过程保证了其内部连续的网络结构，赋予了产品高灵敏的特性。

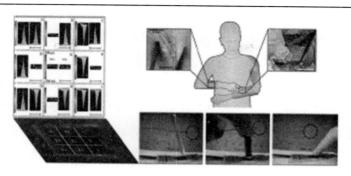

图 8-4　本公司开发的薄膜状温显传感器产品演示示意图

④ 成本预估

石墨烯基温湿传感智能材料制备成本主要包括原材料成本、人工成本、动力与设备折旧等成本。我们在生产过程中原料采用化学示制备的氧化石墨烯即可达到使用要求，价格在 1.0 元/克左右；人力方面，我们的产品主要的人力投入在于研发，生产自动化程度高，而研发的人员投入相对于高回报的产品利润占比较小；动力方面为低耗能设备，主要的设备成本在于研发设备的维护，由于团队核心成员参与主要的研发工作，直接参与设备监管及维护，损耗率可以降到最低。因此，智能材料生产成本可以得到有效控制。

(2) 信息咨询与解决方案

公司团队成员具有丰富的智能材料及智能穿戴设备相关的研究经验，多次参加本领域的国际前沿会议，对智能材料及智能穿戴的国际前沿研究信息有足够的掌握和储备。同时，在产品开发过程中，公司与国内一流的纺织院校及东华大学国家重点实验室信息平台享有信息共享权，掌握着智能纺织领域的信息源泉。因此，本公司还为致力于可穿戴智能设备及智能服装的科技公司以及担当政策规划的政府相关部门提供智慧生活相关的信息咨询与解决方案。在上海市科技发展重大专项调研过程中，公司核心成员曾为上海科学学研究所提供智能服装相关信息咨询。

从上述案例可知，产品或服务介绍应根据产品实际情况作具体细致的描述，同时突出产品的独特性、新颖性，体现产品的核心竞争力。

（3）行业及市场分析

行业及市场分析也是撰写商业计划书的重要一环。创业者要在这一部分向投资者阐释项目良好的发展前景。好的商业计划就是要能够接近客户，激发客户的购买欲望，最终把客户的购买欲望变成购买现实。

① 行业分析：分析创业项目所处的行业及背景，其中包括行业发展趋势、行业政策、行业竞争环境等。

② 目标市场定位：目标市场是企业的"经营之箭"，将产品送达目的地。而市场细分是对企业的定位，应该细分各个目标市场，并且讨论到底想要从各目标市场取得多少销售收入、市场份额和利润，同时估计产品真正具有的潜力。

③ 市场前景预测：在预测市场前景时，市场增长前景的期望值也是应当重视的内容，要指出哪些因素会影响市场的发展，如技术、政策立法等，指出这些因素和自己业务的关系。

④ 市场细分：在完成目标客户定位和市场前景分析后，要对市场进行细分。明确了自己能够满足的需求，就可以精准、细致地分析属于自己的市场机会，制定市场营销方案，将精力放在谋求有利市场上。

例如，"××智能科技有限公司"的部分市场分析如下：

5.1　市场容量

（1）国际市场

受谷歌、微软、苹果等科技巨头的热捧以及随着资金的涌入，国际可穿戴设备市场规模呈现井喷式扩张，尤其是在个人消费类应用方面。全球第二大市场研究咨询公司 Markets and Markets 的数据显示，2012 年，个人消费类应用收入占全球市场总额超过 85%，高达 23.68 亿美元，其中仅手腕佩戴设备一类就达到 8.77 亿美元，市场份额接近 1/3。其中，个人消费类应用中，研究机构和专家最看好的产品是智能纺织品，预测 2018 年总收入将突破 20 亿美元。

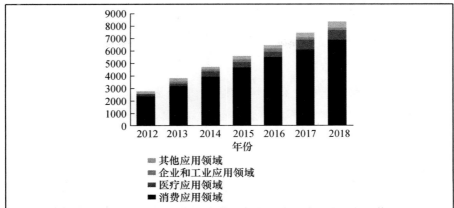

图 8-5　2012—2018 年全球可穿戴设备市场按领域细分（百万美元）
（资料来源：Markets and Markets 研究报告）

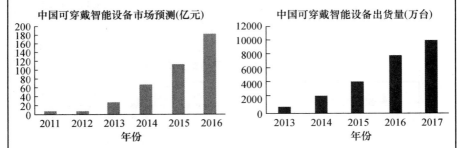

图 8-6　中国可穿戴智能市场分析
（资料来源：速途研究院研究报告）

(2) 国内市场

由于智能可穿戴设备在运动、健康、医疗等领域的特殊需求，国内智能可穿戴设备市场也呈现空前的增长速度。国内基础数据研究机构即速途研究院根据对穿戴智能设备的市场调查，分析认为："中国可穿戴智能设备的发展从 2010 年起步，相对较晚，但近两年开始得到发展，2014 年市场规模达到 66.2 亿元，预计 2015 年中国可穿戴设备市场将达到 112.7 亿元，同比增长 70.2%。2015 年中国可穿戴智能设备出货量将达到 4250 万台，同比增长 88.1%。其中，受用户追捧、创业泛滥、厂商卖力、互联网巨头推波助澜等因素的影响，智能硬件市场 2015 年将出现爆发性增长。"

5.2 产品定位

(1) 目标市场

创立初期,由于公司知名度低,资金量有限,目标市场定位为在国内致力于智能穿戴产品开发的企业,为其提供智能材料、智能传感器件、智能响应器件以及智慧生活相关的信息咨询和解决方案。

这样的产品定位使得公司与国内市场上的华为、小米等科技巨头不仅不存在竞争关系,反而存在很大的关联性,即合作关系。

目前致力于可穿戴设备开发的华为、小米、360、咕咚等公司均以开发"可戴"智能产品为主,"可穿"智能产品尚未出现。传统的服装企业为了寻求新的突破和产业变革,纷纷布局"可穿"智能产品,如表 8-1 所示。

表 8-1 国内市场可穿戴产品开发相关企业

企业	产品及功能
济南圣泉集团股份有限公司	内衣:保暖
昆山腾飞内衣科技股份有限公司	文胸:抗菌、保健、运动监测
上海烯旺信息科技有限公司	腰带:保暖
北京创新爱尚科技股份有限公司	披肩:保暖

(2) 市场份额

本公司属于初创企业,所开发的智能材料产品以及提供的信息咨询服务在市场上推广尚需时间。根据可穿戴设备市场规模、增长趋势以及有意向合作企业的产值预测,公司第一年的智能材料市场份额约为 0.1%。随着公司知名度的提高,预计未来 5 年公司产品市场份额 0.1%、0.16%、0.2%、0.24%、0.3%。如图 8-7 所示,随着市场份额的增加,公司未来 5 年的销售收入将分别达到 1045.50 万元、2868.85 万元、4566.60 万元、7833.66 万元、14152.50 万元。

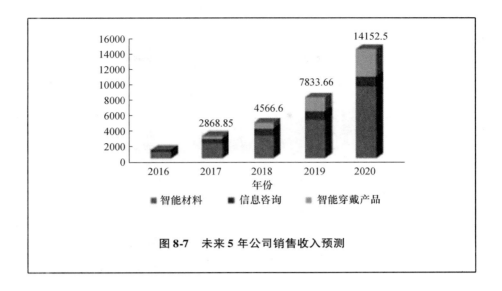

图 8-7　未来 5 年公司销售收入预测

从上述案例的市场分析可知，分析市场尽量用数据图表详尽的描述，数据来源要真实、可靠。

（4）竞争分析

在市场经济高度发展的今天，任何一个行业都存在着各种形态的竞争。竞争是商业发展的重要组成部分，也是不可规避的一部分。创业者需要深入分析竞争环境，了解竞争对手，制定有利的竞争策略。这里需要提醒的是，千万别轻言"市场空白""蓝海市场"或"行业培育期"等，一般情况下这样的语言意味着有以下几层含义：对市场调查不够充分，对行业分类不够准确，或许这是他人已经尝试过并且放弃了的、无法实现的创意等。

在分析竞争环境和竞争对手时，比较简单、常用的是波特五力模型。波特五力模型由迈克尔·波特于 20 世纪 80 年代初提出。他认为行业中存在着决定竞争规模和程度的五种力量，这五种力量综合起来影响着产业的吸引力以及现有企业的竞争战略决策。五种力量分别为同行业内现有竞争者的竞争能力、潜在竞争者进入的能力、替代品的替代能力、供应商的讨价还价能力、购买者的讨价还价能力，如图 8-8 所示：

波特五力模型是对一个产业盈利能力和吸引力的静态断面扫描，说明的是

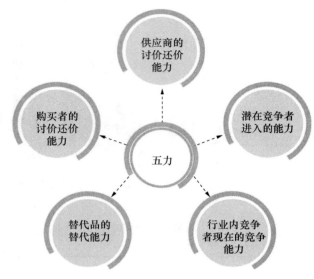

图 8-8　波特五力模型

该产业中的企业平均具有的盈利空间，所以它是产业形势的衡量指标，而非企业能力的衡量指标。通常，这种分析法也可用于创业能力分析，以揭示本企业在本产业或行业中具有何种盈利空间。

① 供应商的议价能力

供方主要通过提高投入要素价格与降低单位价值质量的能力来影响行业中现有企业的盈利能力与产品竞争力。供方力量的强弱主要取决于其所提供给买主的是什么投入要素，当供方所提供的投入要素的价值构成买主产品总成本的较大比例、对买主产品生产过程非常重要或者严重影响买主产品的质量时，供方对于买主的潜在讨价还价能力就大大增强。

② 购买者的议价能力

购买者主要通过压价与要求提供较高的产品或服务质量的能力来影响行业中现有企业的盈利能力。

③ 新进入者的威胁

新进入者在给行业带来新生产能力、新资源的同时，希望在已被现有企业瓜分完毕的市场中赢得一席之地，这就有可能会与现有企业发生原材料与市场份额的竞争，最终导致行业中现有企业盈利水平降低，严重的话还有可能危及这些企业的生存。竞争性进入威胁的严重程度取决于两方面因素,即进入新领域的障碍大小与预期现有企业对于进入者的反应情况。

④ 替代品的威胁

两个处于同行业或不同行业的企业,可能会由于所生产的产品互为替代品,从而在它们之间产生相互竞争行为,这种源自替代品的竞争会以各种形式影响行业中现有企业的竞争战略。

⑤ 同业竞争者的竞争程度

大部分行业中的企业相互之间的利益都是紧密联系在一起的,作为企业整体战略一部分的各企业竞争战略,其目标都在于使得自己的企业获得相对于竞争对手的优势,所以,在实施中就必然会产生冲突与对抗现象,这些冲突与对抗就构成了现有企业之间的竞争。现有企业之间的竞争常常表现在价格、广告、产品介绍、售后服务等方面,其竞争强度与许多因素有关。

(5) 营销策略

营销策略的重点是展示创业企业如何开拓市场,如何获得市场回报。计划周全的行销策略和营销活动将帮助创业企业在目标市场中获得丰厚的回报。

投资者需要了解创业者如何开拓市场,以及开拓市场的成本是多少,具体的方法措施又是什么。

市场开拓过程中,4P营销理论是重要的工具,即产品(product)、价格(price)、渠道(place)、促销(promotion)。企业在制定营销策略时,可以围绕四个方面展开:

① 产品:产品具有哪些独特性?面向客户的哪一类需求?与同类竞争产品对比有哪些优势?产品的定位是什么?

② 价格:产品的价格体系是什么?产品是否具有价格优势?产品的定价原理是什么?根据不同的竞争形态,创业者需要为产品制定相应的价格。

③ 渠道:通过哪些渠道可以把产品便捷地流通到消费者手中?如何建立销售产品的渠道?如何管理产品的经销渠道?

④ 促销:创业企业通过哪些方式促进消费者购买?运用哪些策略促进销售额增长?如何让消费者更倾向于选择该产品而不选择竞争对手产品?

例如,"××智能科技有限公司"部分营销策略如下:

针对公司在产业链中的位置，如图8-9所示，根据市场分析情况以及战略规划，制定了短期、中期、长期三种营销目标，如表8-2所示。

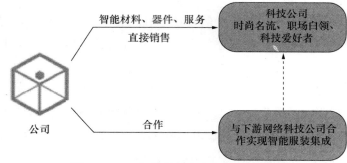

图8-9 ××智能科技在产业链中的位置

表8-2 不同时期营销目标

短期目标	以智能材料打开市场，提高市场认知度
中期目标	宣传智慧生活理念，与科技公司达成合作
长期目标	开拓市场，推出自主品牌智能穿戴产品

同时，公司始终坚持用科技美学的理念重新定义时尚的内涵，奉行"科技让生活更美好"的理念，致力于为人类智慧生活提供技术支持和解决方案，让消费者感受到科技赋予时尚的新内容，体会其中特有的魅力。

不难发现，案例中分阶段的营销策略是团队合议的结果，然而美中不足的是营销策略中缺少详尽的调研和数据支撑。

(6) 创业团队

很多投资者在查看了"执行总结"后会直接阅读"创业团队"部分来评估企业创办者的实力，而且认为在相互竞争的创业计划书中胜出并获得资金的，往往是靠好的管理团队而不是好的创意或市场计划，因此，这部分描述在创业计划书中具有举足轻重的地位，撰写者一定要认真对待。这部分内容包括管理团队和企业机构两方面。

① 介绍管理团队可以采用团队架构图或表的形式，目的是说明企业中所涉及的关键人员，并展示他们的责任领域，列出的团队架构图或表要明确团队中各个成员的分工，做到责权清晰、到位。

在介绍团队成员时，首先要介绍团队成员的教育背景、行业经验、技术能力、管理能力、财务能力、所在岗位的职责，重点突出团队成员的能力和这个项目的匹配性，突出团队成员对该项目发展的不可或缺性和促进性，如团队成员过去成功的经验、失败的教训等。

② 企业结构部分应披露企业如何组织，以及企业不断发展时将如何组织。企业结构是涉及企业及企业内部相互作用和影响的细节问题，也是创业者必须认真对待以使企业平稳运行的关键问题。组织结构图是对企业内部权利与义务进行分配的常用工具，常见的有中央集权制、分权制、直线式以及矩阵式的组织架构图。

(7) 财务分析

商业计划书中的财务分析是对项目所作的经济上的可行性分析，需要花时间、下工夫来完成，因为投资者主要是根据财务分析资料来研判企业未来的经营情况和受益状况，并以此判断自己的投资回报。财务分析必须包含企业的财务状况、资产负债情况、资金来源和使用情况、利润和亏损状况、现金流量的分析与预测等。一般来说，财务预测中各种数字都要先于实际数字，这样，预测才具有指导意义。

要做好财务计划，需明确：每一段时期产品销售量是多少？扩张生产线的时间节点在哪里？产品生产费用是多少？如何确定产品的销售价格？分销渠道如何使用？成本和利润的期望值是多少？雇用员工数量及其工资预算是多少？

以下三方面构成了商业计划书中的财务分析内容：

① 财务预测前提；

② 现金来源与使用分析；

③ 未来3—5年资产负债表、利润表、现金流量表的编制。

综上，财务分析这部分内容最好由团队中负责财务的专员与团队负责人共同完成。

（8）融资计划

融资计划在整个商业计划书中处于核心地位。这部分要向投资者说明企业需要多少资金、资金的使用用途、资金投入所占的股份比、投资的回报方式以及投资的撤出方式。

① 资金需求计划

为了实现企业发展计划，一般要准确分析以下两点：项目需要投入多少资金？什么时候投入资金？同时还需要附上资金用途表，对资金的用途作细致的说明和分析。

② 融资方案

融资方案是说明投资者与创业者之间责权分配的方案。这部分需要说明双方各自的付出与回报。投资者可以通过公司利润分红的方式实现收回投资的目的。所以，这一部分需要考虑给予投资方多少股权以及股份的分红方式。

③ 投资撤出方式

这部分需要为投资者分析投资撤出方式，并作具体说明。一般情况下，有如下几种投资撤出方式：

一是股票上市：按照商业计划书中的分析，对公司上市的可能性作出科学的分析，对公司上市的各种条件和前提一一作出说明；

二是股权转让：这是一种很好的投资回收方式；

三是股权回购：按照商业计划书的分析研判，企业一定要向投资者详尽地说明和解释股权回购计划。

（9）风险分析

商业计划书前面的章节写得再出色，没有风险分析的创业计划书也是不完美的。因为创业本身就带有一定的冒险性，创业过程中的风险也会让人始料不及。风险分析不仅能减轻投资者的疑虑，让他们对企业有全方位的了解，更能体现管理团队对市场的洞察力和解决问题的能力。

例如，"××智能科技有限公司"部分风险分析如下：

10.3 财务风险与控制措施（表8-3）

表8-3 财务风险与控制措施

财务风险	控制措施
1. 初期资金投入需求较大，导致吸纳投资压力较大 2. 研发阶段现金流量需求较大，可能存在现金短缺情况	1. 开源 ● 正在和天使投资人接洽，为初期资金提供保障 ● 加大对产品质量的监管，健全管制制度，从而增强投资者信心，吸引投资 ● 申报政府项目，获得资金支持 ● 和致力于智能穿戴产品开发的公司共建联合实验室，避免团队初期因资金投入过大而导致资金断流 2. 节流 ● 在经营过程中加大对成本与收入的监管，提高资金使用效率，通过财务人员合理运营、管理企业资金为企业增加价值，降低财务风险

从上述案例中的风险不难发现，对于技术型企业，针对核心技术和技术人员的风险分析最为重要，在商业计划书的风险控制部分，切忌泛泛而谈，没有针对性，而应针对创业企业本身所处的环境以及自身情况等进行透彻的思考和分析。

5. 附录

附录是对主体部分的补充。受篇幅限制，不宜在主体部分过多描述的，或不能在一个层面详细展示的，或需要提供参考资料或数据的，一般放在附录部分，以供参考。例如，专利证书或专利授权证书、相关的调研问卷、荣誉证书、营业执照等。

三、如何进行商业计划书 PPT 演示

大多数投资者，无论是风险投资者、天使投资人，还是亲朋好友，都没有多大兴趣去读长篇赘述的计划书，至少最初不会愿意去读，他们真正需要的是一份 5—10 页的"脱水型"计划书，也就是一个 PPT 文件。他们需要的是简短精确的信息，能让他们对这个商业机会有一个初步的感觉，比如市场是否开阔、有无增长空间、创业者有没有让人眼前一亮又有效的进入市场的策略、创业团队潜力如何，等等。如果投资者看过 PPT 后很感兴趣，就会与创业者共同探讨这个商业机会，PPT 就像是能钓到投资者的钩子。

制作 PPT 文件是非常有价值的一项工作，因为它能强迫你形象化地思考这次商业机会。PPT 文件的内容需要包含以下几个方面：

（1）封面页，包含产品图片、企业名称和联系人信息；

（2）对本次商业机会的描述，着重强调希望解决的客户问题或客户需求；

（3）企业的产品或服务品种，说明如何解决客户问题，需要时不妨展示细节，以便最好地呈现企业的产品或服务；

（4）竞争概述；

（5）进入市场和增长策略的描述，说明如何使企业进入这个行业市场并取得增长；

（6）企业的经营模式概述，说明企业如何盈利，以及为实现销售所需支出的成本；

（7）团队介绍；

（8）企业现今状况或发展规划；

（9）融资计划，包括企业需要多少资金，以及如何利用这些资金。

许多创业者在制作 PPT 时往往会犯一个错误，那就是用了太多的文字。这种文字堆砌的 PPT 制作起来很简单，但是效果与着重具象展示的 PPT 相比要差很多。一图胜千言，此话非虚。

小结

人们一直对商业计划书的价值颇有微词，其实，任何商业计划书，在它打印出来的那一刻就已经过时了。大国小鲜，本章为你提供了"烹饪"准备，使你在制作前做到了然于心，这种准备和计划能让你学会集中优势兵力，攻击该攻击的目标。撰写商业计划书的真正意义在于，它能让你成为自己所在行业的专家，能让你的思路聚焦于如何让自己的项目促进所在行业的提高。最重要的是，撰写商业计划书的过程能助你将自己的创业理念转化为实实在在的机遇，从而为企业创造价值。这个过程，是新的企业启动前必须进行的"尽职调研"过程，是让模糊的概念转化为清晰表述的过程，但有利于你成为一个更加出色的创业者。记住，你需要深刻理解眼中的商业机会，这种理解构成你的竞争优势，这种优势能提高你获得成功的概率。同时，这种深度理解，会在融资、招募关键管理人才和吸引客户等方面对你大有裨益。

其实，撰写商业计划书的各个部分是一个反复重述的过程。所以即便商业计划书在打印出来的那一刻就已经过时也无关紧要，正如蒂蒙斯创业过程模型所说，商业计划书能在以下几个方面对你有所帮助：

（1）评估本次商业机会的本质；

（2）塑造本次商业机会，创建计划，启动并培育企业；

（3）提高创业者有关价值创造潜力的表述能力；

多年来，我们在跟无数创业者合作沟通的过程中，印象最深刻的便是，在撰写商业计划书的过程中，创业者的商业愿景逐渐变得清晰，这些变化是实实在在能看出来的。撰写商业计划书的过程，能强迫创业者提出一些企业未来发展可能遇到的问题，并试着给出答案；能帮助创业者鉴定决定着企业生死的那些关键假设，对它们验明正身，并采取行动，将围绕这些假设的不确定性因素降到最低。记住，创业者的认知越充分，企业成功的概率越大。

1. 经过这一章的学习，你觉得创业计划书有规定的范式么？撰写时是否要严格按照范式呢？
2. 商业计划书和商业计划PPT是什么关系？内容有什么不同？

第九章 有无相生——创业风险

《道德经》言:"天下皆知美之为美,斯恶已;皆知善之为善,斯不善已。有无相生,难易相成,长短相形,高下相倾,音声相和,前后相随,恒也。"老子认为,有与无如阴阳、静动一般,既相互对立统一又相互依存转化,有无同出于道,相反相成,而不是相互否定。由有而见无,由无而见有,有无相互对照。任何事物在变化过程中都是从无到有,再从有到无,有与无相继替代与变动。在创业过程中,风险与机遇并存,塞翁失马,焉知非福,有无之间是可以相互转化的,有可以转化为无,无可以转化为有。

学习目标

1. 知晓大学生创业风险的常见类型;
2. 掌握创业风险的产生原因及识别方法;
3. 了解大学生创业风险的防范和规避措施。

第九章 有无相生——创业风险

识导图

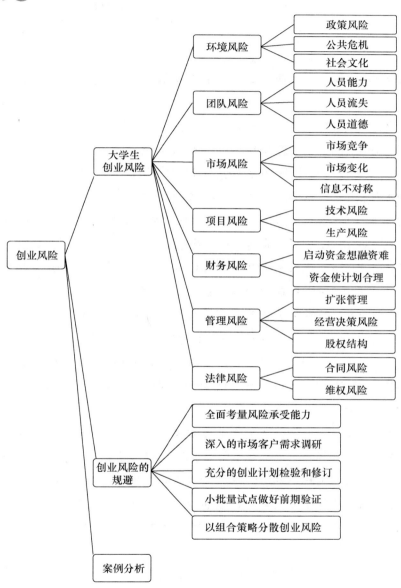

一、大学生创业风险

对于创业者而言,创业过程中可能遇到超出预期的亏损,或者低于预期盈利的因素,即创业风险。

美国经济学家弗兰克·奈特对风险的定义为:风险是"可测定的不确定性",是指经济主体的信息虽然充分,但却难以对未来可能出现的各种情况给出概率。[①] 美国创业学专家帝蒙斯的创业过程模型认为,创业过程就是创业机会、创业资源和创业团队之间随着事业发展作出的动态调整,三者具有动态性、连续性、互动性。造成这三个要素出现失衡的情况,即为创业风险。

刘国新等认为,创业风险不是一维的概念,它包括损失和机会,既可能带来不可估量的损失,也可能产生超额利润和收益。[②] 赵光辉认为,创业风险就是指企业在创业过程中存在的风险,是由于创业机会与创业企业的复杂性,创业者、创业团队、创业投资者的能力与实力的有限性,创业环境的不稳定性,而导致创业活动偏离创业者预期目标的可能性及其后果。[③]

此外,风险之中往往孕育着机会,超出常规的风险往往意味着超出平均水平的回报。如果能够采取适当的预防策略或者防范措施,在规避风险的同时可能还会带来收益。

大学生初次创业所创办的企业往往规模小、资金少、人员缺,各项工作处于起步阶段,社会经验不足,对于创业过程了解不充分,对于创业机会把握的能力较低,对企业管理不熟悉,使得大学生创业企业相对于一般企业抗风险能力更弱,因此,大学生尤其有必要在创业之前了解如何判断风险、选择风险、规避风险继而运用风险,在风险中寻求机会创造收益。

---

① 参见〔美〕弗兰克·奈特:《风险、不确定性和利润》,郭武军、刘亮译,华夏出版社2011年版。
② 参见刘国新、王光杰等编著:《创业风险管理》,武汉理工大学出版社2004年版。
③ 参见赵光辉:《论人才创业风险的来源与控制》,载《当代经济管理》2005年第4期。

1. 大学生创业风险类型

（1）君子不立危墙之下——环境风险

环境风险分为自然环境风险和社会环境风险。自然环境风险主要指极端天气对于企业生产经营造成的风险。社会环境风险主要是创业企业在经营过程中遇到的法律法规、社会风俗、政治经济等各方面的变化，使企业的生产经营受到影响所造成的风险。

① 政策风险

自 2015 年李克强总理在达沃斯论坛上提出"大众创业，万众创新"之后，各级政府部门也纷纷出台扶持大学生创业的优惠政策和措施，支持和引导大学生创业。但政策和法规调整，尤其是临时性政策法规，如税费政策、社会保险政策等的调整，或者国家之间贸易争端导致的对进出口业务配额、关税的调整，对于创业企业的经营成本、现金流等都有较大影响，从而产生风险。尤其是地方政府有关城市区域规划、违章违建清理等公共事务或整治工作，对于部分侧重线下服务的企业可能造成生死存亡的重大影响。

此外，由于国家间的贸易争端或者海关限制，无法获得产品、生产设备、辅助材料、技术方法的进口许可等，也是近年来常见的政策风险。

② 公共危机

公共危机是指对于较大范围的区域或者公众具有重大影响的，攸关公共利益的突发事件。它主要有自然灾害、公共卫生事件、事故灾害、社会安全事件等。随着网络时代信息传递的扁平化，大量出现的自媒体和公众人物言行也可能造成较大范围的网络舆情，尤其涉及公众较为关注的公共卫生、社会安全和金融安全方面，极易引发创业企业的生产经营波动。

③ 社会文化

随着商品经济的高度发展，创业项目商业模式设计中日益关注细分市场和客户的个性化诉求，让客户感受到所创造的价值，认为这个项目是有价值的、可靠的和便利的。但公众的诉求形式多样，创业者在满足客户需求的时候一定要关注社会文化和习俗，避免选择与公共道德、传统文化、民族宗教习俗相违背的产品和宣传。

此外，随着经济的发展，环境保护已经成为政府和公民的共识，因此对一些具有环境、噪声等环境污染可能性的项目尤其要做好相应的风险控制方案。

（2）君子和而不同——团队风险

《论语·子路》云："君子和而不同，小人同而不和"，也就是说，君子在人际交往中保持一种和谐友善的关系，但在具体问题的看法上却不必苟同于对方。小人习惯在对问题的看法上迎合别人的心理，附和别人的言论，但在内心深处却并不抱有和谐友善的态度。因此，一个好的创业团队在学习、生活上要和谐，在遇到问题时要能各抒己见但又服从集体决策。创业团队在创建后，可能会由于成员在个人能力、利益诉求、追求目标等方面与团队的愿景不尽一致，无法把个人利益与集体利益相结合，实现双赢，甚至出现背离的情况，从而导致创业团队不能默契合作，由此造成经营风险。

① 人员能力

创业是一项实践活动，需要面临瞬息万变的市场、纷繁复杂的客户需求，创业团队成员应当具有较强的管理与经营能力。有过从业经历的创业者更加了解行业的现状，对行业的发展前景具有更加突出的分析能力和直觉，拥有较为宽广的人脉资源，能够为创业企业的发展、产品的推广销售提供有力的支持。

② 人员流失

团队稳定是创业成功的必备条件。创业初期，成员都雄心万丈，能够共同克服难题，但往往在度过了创业初期的困境，企业开始稳步发展或者小有成就时，爆发出矛盾，甚至分道扬镳。而人员的流失在短期内较难补充到位的话，对正在进行的项目会造成较难预料的困难，甚至流失客户和供应商，并对企业的经营管理能力和信誉带来负面影响。

③ 人员道德

创业要成功离不开诚信和守法，创业团队的成员需要具备较高的道德品质、合作精神和双赢意识，而不能仅仅贪图短期的蝇头小利。诚信守实、善于吃苦奋斗的道德品质是创业团队拥有较高素质、能够走向长远的重要保障，也是创业成功的重要基础。

（3）有竞有争——市场风险

《庄子·齐物论》中说："有竞有争"，竞的本意是追逐，争的本意是争胜。在创业的过程中，大部分细分市场都存在海量的竞争者，也就是所谓的红海，即使是新兴市场所在的蓝海，很快也有各种模仿者、竞争者竞相进入，市场竞争带来的市场风险是时刻存在的。市场风险主要是指创业企业所进入的行业市场及相关外部环境的变化而导致的企业市场份额萎缩、产品或产品销售达不到预期效果所带来的可能影响企业正常生产经营的风险。它主要表现为市场接受能力、市场接受时间、产品扩散速度和竞争能力的不确定性。创业初期往往缺少资金、人脉和强大的销售系统，产品的品牌认知度不高，面对供应商的议价能力较低，能否在短时间内占领市场有待于时间的考验，创业者在短时间内很难准确估计市场能否接受及接受的规模。因而，创业者要分析自己产品或服务的市场潜力有多大，作好应对市场运营过程中的风险的准备。

① 市场竞争

如何面对竞争是每个企业、创业者随时需要考虑的事，对初创企业更是如此。如果选择的行业是一个竞争非常充分的行业，那么在创业之初极有可能受到同行的强烈排挤，它们通常会采用低价销售、大比例折扣、高强度广告等手段。由于规模效益或实力雄厚，或者更早进入市场已经培育了一定的品牌知名度，短时间的竞争并不会对同行造成过重的伤害，但对初创企业则可能是致命的。因此，应考虑好如何应对来自同行的竞争。

寻找蓝海，也就是未知的市场空间，是创业的良好夙愿，但并非所有的初创企业都能找到蓝海。另外，在充分竞争的市场环境下，即使找到蓝海也只是暂时的，只有竞争是必然的。

② 市场变化

消费者的购买决策是一种选择行为，而消费者的选择行为又直接受到其消费偏好及其他多种因素的影响，如商品的价格以及不同商品的比价、商品的质量及不同商品之间的比较质量、广告宣传、流行趋势等。由于消费者的需求偏好处于不断变化之中，使消费者对某企业的商品需求发生变化，因而可能会导致产生市场风险。如果企业希望通过开发新产品来占领新市场，则还将面临如何启动潜在市场需求的问题,企业将蒙受更大的市场风险,如果不能有效地将潜在市场需求转变为现实的市场需求,便会导致企业新产品开发活动的失败。除了实力雄厚的企业,一般企业要达到引导和控制市场需求的目的,具有很大的困难,消费者需求以及由消费者需求引发的市场风险具有一定程度的不可控性。

③ 信息不对称

信息在企业管理中是一种重要的资源,与其他资源一样能够产生价值。信息的积累与传递可以通过作用于生产经营过程而使其他生产要素得到充分合理的利用,以实现和扩大其他生产要素的价值。同时,充分准确的信息有利于企业减少市场风险。但是,信息的不足、不对称、不准确将会导致企业的决策失误。

(4) 天下难事必作于易——项目风险

《道德经》中说:"天下难事必作于易,天下大事必作于细",意即天下所有的难事都是由简单的小事发展而来,天下所有的大事都是由小事做起。选择一个好项目就意味着创业成功了一半,切入点要小、要细,但格局和成长空间要大。大学生创业项目的选择多集中在高科技领域和智力服务领域,如软件和 APP 开发、网络服务、文化创意设计等;此外,餐饮、零售、O2O 项目也受到大学生的广泛青睐。然而,对于尚处于校园,或者刚从象牙塔里走出来的大学生而言,由于社会阅历浅,对市场风向的敏锐度不足,风险意识较弱等一系列因素,导致其对于创业项目风险的评估能力较差。在进行创业项目的选择时,往往没有认真去开展市场调研,在不了解市场行情的情况下,就凭着非常理想化的空想,以及初生牛犊不怕虎的勇气,甚至不顾家人朋友的建议和劝阻,草草选择项目开始创业。项目风险就是在实现项目目标的活动中具有的不确定性和可能发生的危险,分布在项目的选择、市场的定位、进度的安排及对环境的判断几个关键点上。[①] 因此,大学生创业前期的市场调研和论证非常重要,项目投向的选择决定着创业的成败,如果只凭自己的兴趣和意愿来决定投

---

① 参见施险峰、秦金婧:《大学生抵御创业风险的途径研究》,载《广西青年干部学院学报》2009 年第 12 期。

资方向,不去作大量细致的市场调研与论证,不结合自身已掌握的资源状况作出决定,创业过程定将非常艰苦,甚至失败。

① 技术风险

技术风险指大学生创业者经常以其自主知识产权开发生产等方式创立科技创新性企业,技术含量高、投资风险大。因为技术成败、技术前景、产品生产、技术效果以及技术寿命等众多不确定性因素,使得技术很容易在市场竞争中丧失优越性乃至被淘汰,引发投资贬值或投资失败。

② 生产风险

生产风险主要表现为企业在生产过程中,因为生产工艺的不合理或现有工艺落后导致难以实现大批量生产;原材料供应短缺、生产周期过长或生产成本过高;产品检测手段落后、产品质量难以保证等。

(5)量入以为出——财务风险

《礼记·王制》中说:"量入以为出",也就是说要根据收入的多少确定开支的限度。财务风险是指由于企业财务管理宏观环境的复杂性、财务人员能力的局限性等多种因素的作用,使企业在一定时期、范围内获得的财务成果和预期经营目标发生偏差,使企业蒙受损失或者收益低于预期所产生的风险。资金对于创业者来说是至关重要的,无论是启动资金还是后续经营所需资金的短缺对创业者来说都是致命的。大学生不但无资金来源,融资渠道单一,而且大多缺乏财务知识,风险意识淡薄。在创业的过程中,要时刻关注企业的财务情况,保持稳健的现金流。

① 启动资金不足,融资难

许多大学生创业者没有资金来源、资金积累较少、社会关系简单,且由于没有稳定的经济收入来源,社会征信等级较低,又没有合适的抵押物,因此融资渠道较窄,资金长期处于紧张之中。创业之初,运营费用较高,企业收入较少,容易造成现金流中断,不能支持企业正常的生产、经营,使企业发展停滞甚至倒闭,这是造成创业失败最显性的原因。

② 资金使用计划不合理

大学生创业过程中较容易忽视应急资金的预留。在正常的经营过程中本来就紧张的资金,一旦遇到资金周转问题、市场波动、企业或家庭的突发情况,则极易导致现金流中断。此外,大学生创业者成本概念缺失,仅关注场地、原料采购、设备、基本工资等固定费用,而忽视广告、税务、社保等变动支出,容易造成对于资金使用的计划不合理。

(6) 千里始足下——管理风险

白居易在《续座右铭》中说:"千里始足下,高山起微尘。"创业失败者,基本上都是管理方面出了问题,其中包括决策随意、信息不通、理念不清、患得患失、用人不当、忽视创新、急功近利、盲目跟风、意志薄弱等。特别是大学生知识单一、经验不足、资金实力和心理素质明显不足,更会增加在管理上的风险。[1] 对目标愿景一致、团结协作的管理团队来说,丰富的管理经验是创业成功的关键因素。大学生创业者缺少管理经验,在产品开发、市场需求、团队沟通等方面都处于摸索阶段,从而导致产生系统性的管理风险,如企业制度不完备、人力资源管理松散、营销推进不力等。当企业发展到一定程度后,对企业管理的需要超出了创始人的能力水平,这会导致内部消耗巨大、重要员工流失、产品销售不畅等一系列风险事件的发生。

① 扩张管理

随着企业经营稳定,为了增强应对市场风险的能力,创业企业往往需要通过扩张来增大体量,例如通过开设分公司、连锁经营、授权加盟店等方式拓展市场。但不可避免的是,扩张过程中往往伴随着物资、资金和人员等资源快速增加,同时对于新进入的市场不熟悉以及品牌信誉度和接受度较低,授权的加盟商资质良莠不齐,初创团队创始人对于新的团队和团队规模增大后管理能力不足,团队文化冲突等种种因素叠加,导致产生收入的增加不及支出的风险。

② 经营决策风险

企业经营过程中必然面临各种机会或者困难,需要创业团队或者创业者个人面对不止一种的选项作出决策,尤其是重大事项或者重大经营决定、人事安排,由于决策失误所造成的风险即为经营决策风险。是否造成经营决策风险主

---

[1] 参见洪向阳、李黄珍:《大学生创业的七大风险》,载《职业》2008 年第 16 期。

要取决于在进行经营决策活动时,是否进行了充分的调查研究;是否充分考虑了市场和政策影响;是否广泛征求并允许各方发表意见;决策程序是否科学并充分保障权益人的权利;是否实行了决策负责制和责任追究制度;是否建立了有效的决策反馈和纠错机制。

③ 股权结构

企业创始人通过投入资金、资源以及全身心投入企业运营,通常同时具有股东、经营者等多种角色。创始人团队中的核心灵魂人物通过设置合理的股权结构来控制企业重大决策,引领企业发展方向,体现为对企业的控制权。他直接或间接拥有公司半数以上(绝对控制)或比例最高(相对控制)的具有投票权的股份,拥有决定公司重大人事安排、影响企业未来经营方针、分配剩余利润的权力。合理安排控制权将有助于提升企业经营管理和资源分配的效率,最终有助于实现股东利益最大化。

此外,在融资过程中,投资者会要求企业进行组织结构和人力资源的标准化改造。从创始人的角度来看,标准化改造会削弱其在企业中的控制力,使其面临失去绝对控制权的风险。另外,标准化的决策程序和组织结构也可能在某种程度上削弱公司的创新能力。[①]

(7)法律风险

大学生创业者由于初次创业,社会经验不足、法律观念淡薄,在创业的整个过程中都容易陷入法律纠纷。

① 合同风险

大学生创业者较容易轻信口头承诺,欠缺对于对方履行合同能力或者信用的了解,或者忽视合同条款隐藏的责任风险。常发生钱款、货物被诈骗或者拖延的纠纷。

② 维权风险

大学生创业者在权利受到不法侵害时较容易冲动,且法律意识薄弱,常通过非法律途径,以托人情、找关系等方式,甚至暴力手段维权,从而使自己陷

---

① 参见高玲:《创业企业控制权旁落风险产生原因初探》,首都经济贸易大学硕士学位论文。

入严重的法律风险之中。

二、居安思危——创业风险的规避

《左传·襄公十一年》中说:"居安思危,思则有备,有备无患。"创业过程中,风险与机遇并存,只有勇敢面对挑战,才能走向成功。

1. 自知者明——全面考量风险承受能力

海伦·凯勒说过:"人生要不是大胆地冒险,便是一无所获。"创业是一项冒险者的游戏。雨果曾说:"所谓活着的人,就是不断挑战的人,不断攀登命运险峰的人。"因此对于创业者是否具有较强的风险承受能力、抗挫折能力,是在创业之前就必须考量的。当然,对于具有冒险精神,且能够周密规划、有效应对的人,命运自然会给予他在事业上更高的奖励。

(1) 个人风险倾向

风险倾向是普遍具备的寻求规避风险的相对稳定的人格特质,是特定领域(如金融风险、人身风险、社会风险)"一个决策者采取或避免风险的倾向"[1]。一个人采取或避免风险行为的倾向可能对存在风险和不确定情况下的决策有着巨大影响。对于风险倾向存在两种不同的观点:一种观点认为,风险倾向是不可改变的性格特征,[2] 不受时间和环境影响。另一种观点认为,风险倾向作为行为学习模式的结果不断改变,随着经验的增加而不断改变。理查德等也认为,风险倾向的改变是学习的结果,个人对任务的了解增加,接受高风险的倾

---

[1] Sitkin, S. B., Pablo, A. L., Reconceptualizing the Determinants of Risk Behavior [J], *Academy of Management Review*, 1992, 17 (1): 9-38.

[2] See Kogan, N., Wallach, M. A., *Risk Taking: A Study in Cognition and Personality* [M], New York: Holt, Rinehart & Win-ston, 1964.

向就会增加。①

麦克利兰发现，高成就个人面对风险倾向于采取温和的行为，低成就个人对风险有较少的保留。② 周菲的研究发现，在职业经理人、行政干部、管理专业的大学生中，职业经理人对风险追求的平均数最低，而大学生最高。③

（2）资金承受能力

创业者需要谨慎考虑创业的资金风险，如果一次性投入全部资金，在市场开拓、营销推广不佳，或者应收账款延期，遇到突发状况需要资金周转等情况下，很可能导致企业资金链断裂，生产运营中断，员工大规模离职，使企业面临危机，甚至创业失败，因此需要科学合理地评估创业资金需求，根据各阶段财务规划分批投入，并预留一部分储备金以备不时之需。

企业在初创期筹集资金，通常遵循4F法则，即founder（创始人）、family（家庭）、friends（朋友）、fools（傻瓜，即熟悉和愿意相信你的人），也就是说资金来源于自己或者家庭的存款，以及向亲戚朋友的借款等。

另外，还有以下资金筹集方式：

① 政策性贷款，创业前小额担保贷款，是由政府免费担保并全额贴息的贷款。

② 股权投资，创业者让出企业一部分股权获取投资者的资金，成为股东，投融资双方利益共享、风险共担。在创业早期进行投资的则是天使（风险）投资。

③ 债权融资，采用向银行等金融机构贷款或者向非金融机构（民间借贷）借款的形式进行融资，在一定期限界满后必须偿还本金并支付利息，一般需要有抵押、信用、质押、第三方担保等条件。

（3）压力承受能力

创业者对于社会、市场缺乏了解，创业往往因激情而起，对自我评价过

---

① See Richards, R. M., Prybutok, V. R., Kappelman, L. A., Influence of Computer User Training on Decision-making Risk Preferences [J], *Management Research News*, 1996, 19 (11): 26-41.
② See McClelland, D. C., *The Achieving Society* [M], New York: The Free Press, 1961.
③ 参见周菲：《管理决策的行为模式》，辽宁大学出版社1998年版。

高,对困难估计理想化,又缺乏创业经验,加上投入了大量的资金和精力,遇到困难和挫折后,是否具有足够的心理承受能力和自我调节能力,这是能否有效应对创业风险的重要支撑。

2. 知人者智——深入的市场客户需求调研

创业者在创业之前就要作好充分准备,及时了解社会、市场、用户的发展趋势和信息,以保证决策依据真实可靠地反应实际情况。随着互联网技术尤其是移动互联网技术的普及,信息的可获得性、便利性增强,但也导致了信息的同质化。

对于创业项目的选择风险,大学生要根据自己的情况量力而行,首先,应当对市场进行调研,一个有市场发展潜力的项目是大学生创业成功的关键。创业项目要与大学生的专业知识相符,与创业者的创业兴趣和志向相符,这样在市场形势明朗化的指引下,更容易创业成功。其次,要向行业前辈、专业人士学习并与之进行交流,在与他们接触的过程中,汲取创业的经验和教训。另外可以与知名企业合作,加强对创新产品或服务的召唤力,借助强势企业的有力资源,辅助创业成功。

3. 凡事豫则立——充分的创业计划检验和修订

古语有云:凡事豫则立,不豫则废。一个好的创业计划,会将产品的功能和用户需求以及营销策略紧密结合,将自身的资源和优劣势分析透彻,将成本和收入计算精准,这样面对创业风险时就能够胸有成竹。

(1)制订周密充分的创业计划

要对自己的创业方案有一个精心的设计和充分的论证,以降低因个人盲目创业带来的风险。针对拟创业的项目,做好充分的计划,包括需要投入的资金、设备、场地、风险准备金,如何启动生产经营、开拓市场,如何对人员进行分工等。

(2)选好伙伴打造核心团队

在风险投资商看来,再出色的创业计划也具有可复制性,而团队的整体实力是难以复制的，因此他们在投资时，往往更看重有合作能力的创业团队。在创业时，打造核心团队的基础是尊重个人的兴趣和成就，核心是协同合作，形成团队成员的向心力、凝聚力，反映的是个体利益和整体利益的统一，并保证组织的高效率运转。团队力量的发挥是组织赢得竞争的必要条件，团队在核心成员的影响下勤奋工作，使整体组织保持活力。

（3）通过赛事磨砺创业计划

自国务院办公厅发布《关于深化高等学校创新创业教育改革的实施意见》后，各级各类创新创业赛事如火如荼，相较于以往赛事仅在教育系统内循环，近几年的各类创业赛事大量引入风险投资人和企业家参与赛事评审，评委能够为创业者提供更加贴近创业实战的指导和评判。同时，引入的银行、投资机构、孵化基地也为赛事项目孵化提供支持。因此，大学生积极参加全国"互联网+"大学生创新创业大赛、"创青春"全国大学生创业大赛以及地方政府举办的赛事对于磨砺创业计划、获得创业支持大有裨益。

4. 绝知此事要躬行——小批量试点做好前期验证

南宋陆游《冬夜读书示子聿》说："纸上得来终觉浅，绝知此事要躬行。"从创业计划到创业实践需要投入大量的人力、物力，如果创业计划与市场实际不符，则对于大学生创业者而言学习成本较为高昂。因此在实践之前进行前期验证具有很重要的实际意义。

（1）不断调整营销手段

要在多样的营销方式中选取适宜自身创业的营销方式，并不能完全依靠原有的营销经验或模式进行创新产品或服务的销售，而要根据市场群体的变化性特点，及时收集反馈信息，并在市场反馈信息的指导下，不断地分析和调整，对自身的创新产品或服务进行修订和更新，通过市场营销调查结果，有步骤、有规划地将自己的创业规划推向更广阔的市场领域，以满足创业发展的需求。

（2）逐步完善管理制度

制度建设是企业建设的基本要求，要打造一支企业员工队伍，必须明确岗位职责。不成规矩无以成方圆，制度对创业者是一种激励，也是一种鞭策。企业管理分为人力资源管理、营销管理、生产管理、财务管理,任何一个环节出现问题都可能导致企业混乱以至于瘫痪。因此,完善的管理制度必不可少,同时还必须严格执行,奖惩分明,否则再好的管理制度也会成为摆设。

5. 祸兮,福之所倚——以组合策略分散创业风险

《老子》五十八章说:"祸兮,福之所倚;福兮,祸之所伏。"就是说祸福互为因果、互相转化。坏事可以变成好事,好事也可以变成坏事。在创业的过程中,创业风险不可避免,市场、产品、竞争对手都在不断变化,但可以通过多种方式将风险的损失或者不确定性转移或者分担出去。与此同时,在采用组合策略应对风险的过程中,也可能孕育新的市场、客户,带来新的创业或者发展机会。

(1)找合伙人

一个人的能力是有限的,而创业是一个动态的、不断面对挑战的过程,因此要摒弃单打独斗的思想,梳理团队共赢的理念,通过寻找志趣相投的合伙人,发挥各自的特长,共享资源,形成合力,共同克服创业的困难,共同承担创业的风险。

大学生创业团队是由于团队成员的利益目标和个人兴趣一致而组建的,然而在后期却由于团队成员之间个人意愿与集体意愿的矛盾和冲突而分解。因而,创业团队组建时合作伙伴的选择至关重要。主要从三个方面来考虑选择合作伙伴:其一,具有良好道德品质、求真务实的伙伴,是创业团队成功的保障和基础。其二,具有创业实践经验的伙伴,有助于在创业过程中获悉行业发展态势、拓展人脉渠道。其三,具有强烈创业热情的合作伙伴是创业团队获得长久发展的保障。一些大学生创业者由于"三分钟热度"而放弃创业,没有在困难面前坚韧不拔的创业精神,缺乏浓厚的创业兴趣支撑。

(2)购买保险

企业应为资产及意外购买保险,把自己无法承担或者超过企业财务能力的风险转移给保险公司,在遭受损失时获得经济补偿。

（3）服务外包

企业经营涉及的业务较多，周期较长，而创业团队所掌握的资源、所擅长的内容未必能够有效地运营整个价值链。因此应将价值链中基础性的、共性的、非核心的业务和流程剥离出来，交由其他企业或者供应商来完成。如将比较常见的财务、IT、非核心业务人员的雇用等业务内容外包，从而使企业能够优化资源配置，关注核心业务，降低非核心业务成本，增强企业核心竞争力。

（4）多元经营

通过投资组合、业务组合将创业风险分散，"不把所有的鸡蛋都放到一个篮子里"。在企业经营到相对成熟的阶段，开始着手多元化经营，开拓不同的区域市场，开发多种产品和业务，或者将企业的富余资金入股到其他企业，在不同环境的经营过程中互相抵冲风险，增强企业整体的抗风险能力。

案例分析

小站教育——风险控制是企业成功的关键

1. 案例摘要

王同学，东华大学信息学院2010届本科毕业生。大学临近毕业时，他和女朋友决定出国深造。在准备期间，他考了6次托福，3次GMAT，周期长达18个月，参加了新东方在内的多个培训班，累计花费10余万元。在这条曲折的留学考试之路上，王同学不断总结摸索考试技巧，也切身体验到了这一行业的客户需求和市场痛点，这激发了他的创业初心。2011年1月15日，王同学与本科同学东华大学2013届硕士研究生于同学、高中同学陈同学联合创办"小站教育"。

小站教育以出国留学语言培训为基础，开设托福、雅思、SAT、ACT、GRE和GMAT等一对一真人在线课程，已经成为一个一站式留学服务平台提供商，员工规模超过1600人，总融资额超过1.1亿美元。

2. 创业经历

（1）初试牛刀，应对市场竞争风险

经历了留学语言考试的磨砺，王同学总结归纳了很多考试的技巧和经验。而这18个月参加各种培训和辅导，每每从松江大学城往返市区也让他感受到留学语言培训这个行业与互联网时代的脱节，因此萌生了创业的想法。由于他自身专业的缘故，首先想到的是通过软件来提升学习效率，在淘宝上销售模拟考试软件。在销售模拟考试软件的过程中，逐步组建社群，了解用户需求。模拟考试软件提升了小站教育的口碑，但由于模拟考试软件同类产品竞争激烈，2010年下半年开始，王同学也在创业过程中发现模拟考试在出国语言学习中处于后端，市场容量较小。就客户的需求而言，语言培训和语言能力的提升才是最重要、周期最长、支出最大的环节，而培训的优劣直接决定了最后考试的成效，因此付费意愿也最强烈。因此，小站教育顺势将模拟考试软件改为免费提供，转向托福考试在线语音培训。随着在线培训用户越来越多，王同学聚集了二三十名参加过托福考试的同学兼职上课。

（2）受制于人，自建平台尝试转型

2011年7月，王同学前往美国凯斯西储大学攻读金融专业，留学期间，他每周召开视频会议进行工作商讨。在创业之初，小站教育依托淘宝平台进行销售，由于学员人数逐渐增加，且小站教育采取的是分阶段付费模式，因此出现了大量的同一账号反复购买和好评的情况，一段时间后被"淘宝小二"误判为恶意刷单并封店。王同学等为此进行了反复的申诉和沟通，虽然最后得以解决，但也造成了比较严重的影响。

为了更好地服务用户，形成稳定和良好的用户体验，小站教育开始考虑建立自己的网络运营平台，打造自己的用户社群。平台的作用主要定位于帮助学员自主学习和交流分享，可以根据学习进度和需求下载对应的学习资料、教材、素材、模拟考试软件，提供经验分享和资料分享的功能。一方面，可以形成良好的用户服务体验，建立有效的用户需求反馈、客户服务渠道；另一方面，可以促进用户之间的互动，形成线上线下相结合、虚拟空间和现实交流相结合的用户体验，从而提高用户黏度。

由于从 2006 年开始，托福出题机构 ETS 对托福考试进行了一次深度改革，用 IBT（internet based TOEFL）替代了原来的 CBT（computer based TOEFL）。为配合 ETS 的改革，小站教育转型推出国内首个一对一在线课程，主要为准备出国的学员提供留学外语考试培训服务，推出的一对一陪护式培训班，采用互联网线上授课模式，节省了学员路上花费的时间。小站教育目前已开设托福、雅思、SAT、ACT、GRE 和 GMAT 一对一在线课程以及其他相关服务。

（3）打造团队，核心人员初步形成

2012 年年底，王同学毕业考试后回国，当时的小站教育虽然摆脱了早期学生创业的雏形，但还难言正规，公司员工从上到下都是兼职。王同学出国留学时，于同学也在东华大学读研究生，陈同学在另一家公司上班。王同学反思，如果要把小站教育当成事业来做，所有人必须尽快全职融入。

2013 年开始，三位创始人全身投入小站教育，他们从传统培训机构挖来一位经验丰富的管理者作为教师团队的总负责人，开始打造全职教师队伍，教师的考核以学生的考试成绩为导向。王同学及团队做了一个计划：新一年公司营收实现 10 倍增长。在外界看来，这是非常冒进的，2013 年营收只有 800 万元，2012 年只有三四百万元。王同学的胆量来自资本与市场。出国留学人数持续增加，并出现低龄化趋势，据教育部统计，2013 年出国留学人员总数为 41.39 万人，比上年增长 3.58%。当时，小站教育获得了涌铧投资的 800 万元 A 轮融资。于是，小站教育开始扩张，在线上线下大力投放广告，课程从托福、雅思拓展至 SAT、ACT（和 SAT 都被称为"美国高考"）等。最终，目标没有完成，但营收增长了 8 倍，注册用户达到 100 万人。与其他线上教育公司相比，小站教育更专注，以沪江为例，沪江涉及中小幼、语言、留学、职场等多个教育领域，而小站教育仅深耕出国留学一个细分领域。

2014 年，在线教育领域的投融资规模超过 44 亿元，市场快速增长。小站教育的付费用户也从上年的 700 人涨至 5000 人，随着付费用户的增加，教师人数也翻倍，规模扩大近 8 倍。小站教育没有选择火热的在线教育 O2O 或 C2C 模式，而是选择 B2C 模式。

(4) 快速扩张，迅速成为独角兽

重模式使得小站教育师资队伍庞大，重模式的小站教育同样被资本相中。2014年夏天，王同学第一次与小米董事长兼CEO雷军见面，雷军亦是顺为资本的创始合伙人兼董事长。把所有资源砸到出国留学一个点里面，这就是小站教育的壁垒。

2015年3月，小站教育宣布完成2900万美元B轮融资，顺为资本、纪源资本领投，麦顿资本和贝塔斯曼跟投。这笔融资支撑了小站教育2015年的发展。

如今，小站教育注册用户已累计200万人，付费学员近10万人。小站教育从学员的实际情况出发，匹配最合适的老师和课件；同时，旗下小站论坛（bbs.zhan.com）免费提供小站机经，为各阶段各水平考生精准预测考题、定制提分方案。

小站教育根植于中国本土，基于对中国式留学的深入理解，为中国留学生打造一条轻松愉快的留学之路。小站教育以打造"一站式留学生态圈"为理念，在服务模式上不断推陈出新，完善细节。除了教学方式上的改革外，小站教育也一直致力于留学全程需求的研究与探索，努力打造最适合中国学生的留学方案。

小站教育课程业务采用行业内先进的"互联网教学"模式，由此突破地域限制，扩大受众。目前小站教育的学生分布情况为国内一线城市占比30%，二三线城市占比65%，海外学生占比5%。

(5) 完善产品线，实现产品多元化

小站教育以一对一出国留学外语在线培训为基础，逐渐拓展为出国留学的全程服务系统。

① 一对一定制式专属课程

"一对一"是指听说读写都由不同的老师教授，而不是由一位老师负责学生的全部课程。再加上督导顾问，总共是5位老师服务1位学员。

② 突破地域限制网络授课

在线授课突破时空限制，学员能够根据自己的空闲时间选择课程安排，将有限的空闲时间利用起来；异地学员无论身处何地，通过互联网也能享受到海外名师授课。由于托福本身就是机考，平时在网络上上课，有助于学员提前进行考试演练，熟悉考试流程。

③ 打造四大平台全程可控

互联网技术可以扩大名师价值。技术中心通过不断研发教学产品，辅助老师高效教学。小站教育成立至今，核心技术人员已近百人。技术层面大量投入，催生了小站教育"四大平台"，即"上课平台""LMS（learning management system）学习管理系统平台""企业管理系统平台"和"教育产品内容平台"。其中，上课平台是依托小站教育自主研发的提供语音传输等技术的平台；LMS 学习管理系统平台可采集所有学员的上课行为数据和老师教学行为数据，并以此为数据基础对教学过程和结果进行监控和追踪。据了解，LMS 平台涵盖基础、备课、上课、作业、自主学练五个模块，链接了任课老师、班主任、学生、家长四者。

LMS 平台贯穿学生学习全程。学生开始接受留学服务之前，会通过技术平台测试，了解学生现阶段的实际情况，以此制订学习计划，并匹配与之能力相适应的课程及师资。学生开始上课后，由 LMS 平台根据学生的听课效率、作业情况、测验结果、老师反馈等立体地了解学生学习过程，并根据家长、学生、老师三方反馈，动态调节学习计划。技术的投入提升了学生和老师的效率，让教育全程可视化。

④ 开发各类 APP 形成生态圈

小站教育于 2015 年至 2016 年间连续发布 5 款 APP 学习软件，下载量在同行业位居前列。随着移动互联网的普及，在线教育移动端逐步赶上 PC 端。如今在线教育在 PC 端迸发出来的巨大热量，也在移动端显现。小站教育拥有经验丰富的教研团队，将为所有 APP 不断地输出高品质内容。现已发布的 5 款 APP：

小站雅思 APP：深受好评的雅思备考冲刺提分 APP，提供剑桥雅思的完整听力练习，口语真题题库。真人口语一对一模考，是小站留学系列 APP 之一，被网友称为最有效的良心"烤鸭"神器。

小站托福 APP：小站托福是将 TPO（34 套 TPO + 2 套 Extra + 3 套 OG）、真题模考、答案解析、托福听力、托福机经汇聚一身的精品随身软件，是托福备考的随身微家教。它不仅提供全免费 TPO 资源、题型分类、错题记录反馈统计，而且支持查单词、记录生词功能，目前已支持 iPad、iPhone、Android 全方位手机系统。

小站社区 APP：小站教育论坛的手机客户端，以粉丝发帖互动为核心，伴以资料下载、信息查询、机经订阅、口语批改等多项功能。小站教育论坛创立于 2012 年，仅仅用 3 年时间，就积累了 50 万注册用户，并稳定维持着日均访问量 3 万的骄人成绩。"小站社区"将 PC 端论坛搬到手机上，更方便考生随时随地复习备考。

托福单词 APP：针对托福单词的科学记忆分类 APP，解决背单词"累、苦、难"的问题，选取的是 TPO 模考软件及历年真题中的高频词汇，同时将 TPO 的核心词汇高亮，使学员能够结合文章语境学习。这样可以有效帮助学员列重点，先记牢最需要记忆的单词，再层层扩展到次要级别的单词。

雅思单词 APP：秉承之前"托福单词"的基本理念，此款 APP 也以科学记忆法为亮点，结合艾宾浩斯记忆曲线和 Supermemo 的记忆法，让每个学到的单词变成真正掌握的单词。不同学员可以根据自身情况选择最适合自己的记忆方式，不再强迫所有学员盯着一种记忆渠道强攻硬啃，使背单词这件苦差事彻底人性化。

3. 成长情况

（1）荣誉奖项

2014 年 12 月，小站教育参加新浪网"新浪 2014 中国教育盛典"，荣获"最具口碑影响力在线教育机构"。

2014 年 12 月，小站教育参加网易"2014 教育梦、国际梦盛典"，荣获"金翼奖——2014 年度最具影响力外语培训品牌"。

2014 年 12 月，小站教育参加腾讯"2014 回响中国盛典"，荣获"中国最具品牌影响力外语机构"。

2014 年 12 月，小站教育参加中国网"中国好教育盛典"，荣获"2014 年度最具学员满意度在线教育品牌"。

2015年10月,小站教育入选福布斯"中国最快成长科技公司"前50榜单。

2015年12月,小站教育荣获2015年腾讯网"年度知名外语教育品牌"。

2015年12月,小站教育参加"新浪2015中国教育盛典",荣获"中国品牌影响力外语教育机构奖"。

2016年2月,小站教育创始人兼CEO王浩平入选"福布斯亚洲30位30岁以下优秀创业者"榜单。

(2) 融资情况

2013年,小站教育获得近千万元人民币的A轮投资;

2015年3月,小站教育获B轮融资,由雷军旗下顺为资本和纪源资本领投,麦顿资本、贝塔斯曼跟投的共2900万美元。

2015年12月,小站教育获C轮融资,由红杉资本和嘉御基金领投,B轮投资方跟投的共计8400万美元。

创业过程中,风险总是无处不在、无时不在。创业者就是在克服风险和困难过程中不断壮大自己。

一方面,要早做规划,周全谋划。凡事豫(预)则立,不豫(预)则废,豫者预也。做任何事情,事前有准备就可能获得成功,没有准备就必然失败。把可能的风险都估计到,才能在遇到危机时沉着应对,并有效解决。

另一方面,要整合一切可以整合的资源,团结一切可以团结的力量,共同应对风险。电影《建党伟业》中有这样一句经典台词:"政治就是把敌人的人搞得少少的,把自己的人搞得多多的!"在创业过程中也是一样,需要与朋友结盟,与竞争对手合作共赢,建立双赢思维,才能更好地把市场的蛋糕做大。

此外,创业是一个不断探索、不断试错的过程,要有前期的验证,才能发现计划是否贴合实际,要不断进行升级迭代以及调整经营手段。

最后,创业风险也是创业机遇。《老子》第五十八章说:"祸兮,福之所倚;福兮,祸之所伏。"福与祸相互依存、互相转化。坏事可以引发好的结果,好事也可以引发坏的结果。创业过程中的风险往往也意味着新问题、新市场、新策略，只有发现危机后面伴生的机会，并拓展思路，才会有更广阔的天地。

1. 简述在本案例中王同学创办小站教育的过程中经历了哪些风险？他是如何应对的？
2. 在小站教育的成长壮大过程中，采取了哪些策略降低或分散可能的风险？
3. 基于专业学习中所发现的市场需求和用户痛点，设计一个创业项目，根据本章知识分析可能会遇到哪些创业风险？哪些资源和经验可以帮助你应对上述风险？

后　　记

在党的十九大报告中，习近平总书记明确提出要坚定实施创新驱动发展战略，并指出："创新是引领发展的第一动力，是建设现代化经济体系的战略支撑"，要"激发和保护企业家精神，鼓励更多社会主体投身创新创业"。因此应立足国家创新驱动发展战略和"大众创业、万众创新"战略部署，贯彻落实党中央、国务院和教育部关于高校创新创业教育的一系列部署及教育规划纲要精神，按照《关于深化高等学校创新创业教育改革的实施意见》（国办发〔2015〕36号）要求，将创新创业教育全方位融入学校教育教学管理各环节，组织编写具有科学性、先进性、适用性的创新创业教育重点教材。

本教材按照教育部"创业基础"教学大纲编写，在课程内容和教学要点上与教育部要求保持一致；同时，以中国传统文化贯穿整本教材。具体内容包括九章：日新盛德——创新意识、道术合——创新方法、心系天下——企业家精神、无欲有欲——市场探索、大象无形——核心竞争力、欲取必予——市场营销、两仪三易——财务会计、大国小鲜——商业计划、有无相生——创业风险。在此基础上，把课程思政融入创新创业教育，形成有特色的校本教材。

本教材由刘淑慧、严军负责结构与框架的制定工作，秦泽峰、景亮负责审稿和修订工作。内容撰写具体分工如下：第一章、第三章由郭姗负责编写；第二章、第五章由韩谨潞负责编写；第四章由金鑫负责编写；第六章由景亮负责编写；第七章由张晓冬负责编写；第八章由邵楠负责编写；第九章由胡海洋负责编写。

本教材为2018—2019年度"上海市高校毕业生就业创业工作孵化基地"（东华大学）建设成果；编写出版得到了北京大学出版社的大力支持；编写中

引用了许多学者的研究成果,在此一致表示衷心的感谢。

由于时间和编者水平有限,书中难免有疏漏和不妥之处,欢迎广大读者批评指正,以使本教材进一步完善。

编者
2020 年 7 月